Minimalismus

Alessandro Jobst

L-OS Publishing

ÜBER DEN AUTOR

Alessandro Jobst konnte sich über viele Jahre durch sein Studium in Wirtschaftsinformatik und großem Interesse an Online Business Modellen und Psychologie unglaubliches Wissen aneignen, dass er durch seine Leidenschaft am Schreiben gerne an seine Leser und Leserinnen weitergibt.

Wenn Ihnen dieses Buch gefallen hat und Sie mehr über den Autoren und seine weiteren Bücher erfahren wollen, dann schauen Sie sich doch auf dem Autorenprofil von Alessandro Jobst um.

Link zum Autorenprofil:

https://www.amzn.to/2YLGJto

Minimalismus

AUSMISTEN, ENTRÜMPELN,
AUFRÄUMEN.

Ihr Wegweiser zu einem minimalistischen Lebensstil, ohne

Ballast und Sorgen.

Inkl. 35 Tipps für ein strukturiertes und Minimalistisches Leben.

Alessandro Jobst

Bibliografische Information der Deutschen Nationalbibliothek Die Deutsche Nationalbibliothek verzeichnet diese Publikation in der Deutschen Nationalbibliografie; detaillierte bibliografische Daten sind im Internet über <http://dnb.d-nb.de> abrufbar

Minimalismus - ausmisten, entrümpeln, aufräumen. Ihr Wegweiser zu einem minimalistischen Lebensstil, ohne Ballast und Sorgen.

Inkl. 35 Tipps für ein strukturiertes und Minimalistisches Leben.

Lektorat: Christin W.

ISBN: 979-8604724804

Für Fragen und Anregungen:
Info@l-onlinesolutions.de
1. Auflage 2020

Vorwort

Haben auch Sie manchmal das Gefühl, dass Sie mehr haben, als Sie eigentlich brauchen? Oder ertappen Sie sich auch selbst manchmal dabei, dass Sie Dinge kaufen, die Sie eigentlich gar nicht benötigen? Schnell verschwindet dies und jenes in den Ecken und Schubladen, und schon bald kann von ausreichend Platz keine Rede mehr sein.
Das Leben geht schon manchmal sehr seltsame Wege, und Sie haben auch völlig recht, wenn Sie der Meinung sind, dass niemand immer die Zeit haben kann, sich intensiv um alle Bereiche des Lebens zu kümmern.
Und dennoch gibt es einen Weg, der Ihnen genau das möglich macht!

Wenn Sie sich in diesen Ausführungen wahrhaftig wiederfinden und den Weg zu diesem Buch gewählt haben, möchten Sie sicherlich etwas ändern. Sie wägen schon lange ab, was Sie än-

dern könnten, und haben bei Ihren Überlegungen auch sicherlich von dem Begriff und dem Handeln des Minimalismus gehört.
Hier und heute haben Sie den ersten und wohl wichtigsten Schritt zur positiven Veränderung Ihres Lebens gemacht! Das, was Sie schon immer erhofften, ist nun zum Greifen nah: Sie müssen nur noch ein klein wenig Mut aufbringen, um etwas Neues und vielleicht noch sehr Unbekanntes entdecken zu können.

Auf den folgenden Seiten können Sie nun erfahren, was sich tatsächlich hinter einem Wort, welches schon sehr viele Menschen zu ihrer Lebensaufgabe gemacht haben, versteckt. Des Weiteren erfahren Sie, wie Sie Ihr Leben verändern und somit dem Minimalismus Einlass gewähren können.
Finden Sie heraus, wie Sie mit einfachen Mitteln Geld sparen können und auch langanhaltend Platz in Ihrer Wohnung schaffen. Und wer weiß: Vielleicht haben Sie schon minimalistische Züge an sich und sind sich dessen noch gar nicht bewusst?

Doch nicht nur das: Sie möchten sich nicht nur im privaten, sondern auch beruflichen Bereich verändern? Auch hier kann Ihnen das minimalistische Handeln viele Türen öffnen, durch welche Sie lediglich hindurchgehen müssen!

Wagen Sie den Weg zur Veränderung und setzen Sie Ihre Prioritäten völlig neu. Sie werden auf diese Weise nicht nur Ihr Leben ordnen können, sondern auch Ihr inneres Gleichgewicht wiederfinden, das Sie womöglich schon viel zu lange vermissen!

Sie haben die Chance, Ihr Leben völlig neu zu sehen, und sind in der Lage, ganz neue Möglichkeiten zu fühlen und zu erleben.
Finden Sie das Gleichgewicht zwischen einem sparsamen Leben und einem Alltag, in dessen Verlauf es Ihnen an nichts fehlt!
Es klingt kaum vorstellbar, doch es entspricht der Realität - und es liegt ganz allein in Ihrer Hand!

Ergreifen Sie Neues, „werfen Sie Ballast“ einfach über Bord und ernten Sie Glück und Zuversicht überall, wo Sie sich befinden!

1.Kapitel: Spurensuche

WAS SICH DAHINTER VERBIRGT

Sicherlich ist Ihnen Minimalismus kein Fremdwort mehr. Denn wenn dies der Fall wäre, hätten Sie sich nicht auf die Suche nach diesem Buch gemacht.

Sie haben davon gelesen oder auch eine Empfehlung von einem guten Freund erhalten. Nun möchten Sie selbst mehr erfahren und herausfinden, wie dieser Lebensstil Ihren eigenen Alltag positiv beeinflussen kann. Sie haben richtig gehört: Der Minimalismus wird Ihr Leben mit einer guten und wohltuenden Kraft beeinflussen. Sie werden neue Energie schöpfen und endlich wahrnehmen können, wie einfach und unbeschwert doch alles sein kann.

Hier und da werden Überraschungen auf Sie warten. Es wird nicht immer einfach sein, doch es liegt ganz allein in Ihren Händen, ob Sie an Ihren Plänen festhalten, oder ob Sie Ihr Vorhaben noch einmal vertagen.

Doch trotz aller guten Gedanken und Vorstellungen bleibt noch immer eine Frage offen: Was verbirgt sich hinter diesem Begriff und warum ist es so beliebt?
Vorweg ist es wichtig, erst einmal klarzustellen, was viele Kritiker irrtümlich behaupten: Sehr viele Menschen sind der Ansicht, dass Minimalisten ein Leben „auf dem Minimum" führen. Sie scheinen auf alles zu verzichten, gönnen sich nichts und beschränken Ihr Handeln auf die Dinge, die wirklich überlebenswichtig sind. Alles andere ist für sie nicht von Belang. Doch das entspricht nicht der Wahrheit! Das Leben eines Minimalisten sieht ganz anders aus.
Wünsche und Erfüllungen ist natürlich auch für ihn wichtig. Denn ein Mensch, der sich nichts mehr leisten kann und darf, ist doch irgendwie nur noch eine halbe Person.

Vielmehr ist es jedoch der pure Überfluss, der mit dem Minimalismus gedämpft werden soll.

Der einfache Verzicht und die Schönheit des Lebens sollen den Interessenten wieder nähergebracht werden. Ist es wirklich wichtig, dass wir alles besitzen, was wir uns wünschen? Oder könnten wir nicht auch glücklich sein, wenn wir gerade diesen einen Gegenstand nicht haben? Über diese Frage könnten sich nun sehr viele Menschen streiten, doch der Minimalismus macht ganz genau klar, dass es möglich ist. Er hinterfragt die Dinge und stellt fest, was zum Leben wirklich wichtig ist. Sind es allein die tollen Angebote, die uns „ziehen", oder ist es wirklich das Sehnen und das Brauchen? Diese Frage ist schnell gestellt, doch die Antwort braucht immer sehr viel Zeit.

So kann zusammengefasst werden, dass der Minimalismus sich mit den folgenden Schwerpunkten beschäftigt:

- Was brauche ich wirklich?
- Könnte ich nicht auch einige Dinge entsorgen / verkaufen / verschenken?
- Könnte ich nicht auch genauso gut einfach Platz schaffen, anstatt neue Dinge zu kaufen?

Diesen Fragen rufen sich Minimalisten immer wieder in den Sinn. Vielleicht nicht jeden Tag, aber es bestimmt einen großen Teil ihres Lebens. Besonders in der Anfangsphase werden Sie sich immer wieder dabei ertappen, sich dieselben Fragen zu stellen. Mit der Zeit kennen Sie die Antwort und müssen nicht mehr so viel Zeit mit der Suche nach ihr verbringe. Sie handeln sicherer und hadern auch nicht mehr mit sich.

Somit geht es keineswegs um einen puren Verzicht. Viel wichtiger ist es diesen Personen, sich auf das Wichtigste zu beschränken. Es wird genau abgewogen, was gekauft wird, und der Sinn wird hinterfragt. Was anstrengend klingt, wird sich aber sehr schnell als ein wichtiges Gut herausstellen. Denn wie oft fragen Sie sich nach einem Kauf, warum Sie diesen überhaupt getätigt haben? Irgendwann steht das, was im Angebot so schön aussah, einfach nur in der Ecke, und Sie haben keine besondere Verwendung mehr dafür. Zum Zeitpunkt des Kaufes wären die Gedanken eines Minimalisten also sehr hilfreich gewesen.

Doch beim Minimalismus steht natürlich nicht nur der Kauf im Vordergrund. Auch die Gesundheit, das Wachstum und Beziehungen können positiv beeinflusst werden.

Alles, was uns nicht guttut, was uns nicht glücklich macht, sollte in unserem Leben keinen Einlass mehr haben.

In Hinsicht auf Beziehungen könnte es wie folgt aussehen: Sie haben einen Bekannten, mit dem Sie sich immer wieder treffen. Sie selbst würden ihn nicht als einen sehr guten Freund bezeichnen. Sie sehen sich immer wieder, manchmal zufällig, manchmal verabredet. Dennoch haben Sie immer wieder das Gefühl, dass er Ihnen nicht guttut. Es liegt an seiner Art und seinen Gedanken, die er Ihnen immer wieder vermittelt. Sie fühlen sich schlecht, obwohl Sie eigentlich mit einer guten Stimmung in das Gespräch gegangen sind. Hier ist es an der Zeit, etwas zu verändern! Wenn Sie das Gefühl haben, dass ein Mensch Ihnen fast nur negative Gefühle übermittelt, sollten Sie wirklich über eine Trennung nachdenken. Es geht nicht darum, so viele Freunde wie möglich zu haben. Besser ist es, Sie haben ein paar feste Bekanntschaften, die wirklich gut für Sie sind.

So ist es in fast allen Bereichen im Leben. Es geht darum, dass Sie sich glücklich fühlen. Wenn Sie mit einem Gegenstand im Haushalt keine Verbindung mehr haben, brauchen Sie diesen auch nicht mehr. Denn auch hier sind Leidenschaft und ein positives Gefühl gefragt. Erinnerungen, die Sie glücklich machen, und Gefühle, die Sie zu einem Lächeln anregen, sind wichtig! Alles andere hat in Ihrem Leben nicht viel zu suchen.
Kurz kann somit gesagt werden: Alles, was Sie selbst als wichtig erachten und was Sie glücklich macht, können Sie behalten. Alles andere, was Sie zum Nachdenken bringt und Ihnen nur negative Gedanken beschert, sollten Sie so schnell wie möglich aus Ihrem Alltag und Ihrem Leben verbannen. All das können Sie als einen Ballast ansehen, der den Rucksack des Lebens nur noch schwerer macht, als er ohnehin schon sehr oft ist!

Doch natürlich ist die Frage danach, was wirklich unnötig ist, gar nicht so einfach zu beantworten. Suchen wir hier nach einem tieferen Sinn, kommen wir schon wieder ins Grübeln. Denn was ist auf der Welt wirklich unnötig?
Sicherlich ist es wahrhaftig so, dass nichts wirklich richtig verloren ist. Doch hier muss immer der Mensch selbst betrachtet werden. Was eine Person besitzt und nicht mehr möchte, kann für eine andere wieder sehr wertvoll sein. Hier muss jedoch immer die Person selbst betrachtet werden. Hat ein Gegenstand keinen produktiven Wert mehr und bringt er nur noch schlechte Stimmungen, sollte er nicht mehr länger verwahrt werden. Wenn Liebe und Leidenschaft vergehen und Erinnerungen nur noch schlechter Natur sind, ist es an der Zeit, einen Schlussstrich zu ziehen.
Denken Sie dabei immer an Ihre Inspiration und hören Sie ganz tief in sich hinein. Dann werden Sie die Antwort auf Ihre Fragen sicherlich finden!

Der Minimalismus kann etwas auslösen, was für sehr viele Menschen im Leben schon gar nicht mehr so wichtig ist - diese Lebensform schafft es, wieder das zu sehen, was wirklich glücklich macht.

Wir leben in einer Gesellschaft, die fast alles überall erwerben kann. Ist es einmal da, geht die Wichtigkeit schon wieder verloren. Auch ist es heute keine Seltenheit mehr, dass vieles doppelt oder sogar dreifach in einem Haushalt zu finden ist. Aber warum? Ist das wirklich wichtig und macht das ein glückliches Leben aus? Sicherlich kommen hier schon erste Zweifel auf.

Sie haben nun die Chance, wieder das zu erkennen, was einen geordneten und zuversichtlichen Alltag wirklich ausmacht. Sie haben wieder Zeit für die wichtigen Dinge im Leben und müssen sich nicht noch um etwas kümmern, was Ihnen eigentlich gerade schwerfällt.

Es liegt in Ihrer Hand, und Sie können es schaffen! Lassen Sie sich nicht aufhalten, auch wenn es manchmal schwer sein wird. Denn einer Tatsache sollten Sie sich bewusst sein: Die Umsetzung ist kein Spaziergang!

VIER FESTE PRINZIPIEN

Mit Richtlinien oder auch Prinzipien ist das Leben um einiges leichter. Wenn Sie etwas erreichen möchten, können Ihnen diese Dinge einen Weg weisen und als eine Struktur dienen, welche Sie schneller an Ihr Ziel bringt.

Auch der Minimalismus unterliegt vier solcher Prinzipien. Wenn Sie diese kennen und vor allen Dingen auch einhalten, werden Sie Ihren Vorstellungen schon bald näherkommen. Natürlich müssen Sie dennoch etwas tun und dürfen nie vergessen, für was Sie eigentlich kämpfen. Aber wenn Sie Mut besitzen und sich immer wieder selbst sehr viel Durchhaltevermögen beweisen, werden Sie Ihr Ziel erreichen.

PRINZIP 1: JEDER BESITZT ETWAS NUTZLOSES

Für die meisten Menschen ist das wohl kaum vorstellbar. Kann es wirklich sein, dass sie etwas besitzen, was wahrlich völlig wertlos und nutzlos ist? Es ist kaum zu glauben. Vielleicht ist das schon so unwahrscheinlich, dass es eigentlich schon wieder der Wahrheit entsprechen müsste.

Wie dem auch sei: Es gibt keinen Menschen auf der Welt, der nicht etwas Nutzloses in seinen vier Wänden beherbergt.

Es ist oft nicht auf den ersten Blick erkennbar. Auch wenn es Ihnen nicht sofort in den Sinn kommt, könnte ein kleiner Rundgang schon helfen. Schauen Sie sich um und lassen Sie sich überzeugen: Sicherlich werden Sie schon bald genau das finden, was auch gemeint ist.

Es kann etwas sein, was Sie schon lange vergessen haben. Es könnte sich aber auch etwas verstecken, was Sie täglich sehen, aber eigentlich gar nicht mehr brauchen.

Letztendlich zählt nur die Tatsache, dass es ungenutzt bei Ihnen in der Wohnung verbleibt. Ist das wirklich nötig?

PRINZIP 2: ENTSCHEIDUNG IM EIGENEN ERMESSEN

Was wird gebraucht und was nicht? Diese Entscheidung kann von einem Menschen zum anderen ganz unterschiedlich getroffen werden.

Was für Sie selbst sehr wichtig ist, kann also für Ihren Nachbarn überhaupt nicht von Belang sein. Zum besseren Verständnis ein Beispiel: Stellen Sie sich vor, Sie sind im Besitz eines Autos. Dennoch nutzen Sie es kaum. Sie fahren recht wenig damit, und wenn Sie doch einmal von A nach B müssen, reisen Sie mit der Bahn. Für Sie hat das Auto somit keinen sehr großen Nutzen. Sie brauchen es kaum und könnten auch sehr gut ohne dieses Fortbewegungsmittel leben.

Bei einem Bekannten kann es schon ganz anders aussehen. Dieser braucht sein Auto jeden Tag. Es gibt keinen Weg, den er ohne dieses zurücklegt. Für ihn hat es also einen sehr hohen Wert, und der Nutzen ist viel höher angesiedelt.

Was kann Ihnen dieses Beispiel zeigen? Sehr viele Menschen, die noch keinen tiefen Einblick in den Minimalismus gewinnen konnten, sind der Meinung, dass auf alles, was Spaß macht, verzichtet werden muss. Doch hier unterliegen sie natürlich einem sehr großen Irrtum. Wie Ihnen das Beispiel zeigt, liegt das immer im Auge des Betrachters.

Was noch von Wert ist und was nicht, muss jede Person für sich selbst entscheiden. Für den einen hat ein Gegenstand somit einen Mehrwert, und für den anderen wieder nicht. Das sagt der Minimalismus ganz klar aus. Lassen Sie dieses Wissen auf sich wirken und schauen Sie, was passiert!

Prinzip 3: Wertloses entsorgen

Sie wissen, dass es gar nicht immer so einfach ist, die Dinge zu erkennen, die Sie nicht mehr brauchen. Manchmal fehlt uns die Zeit dafür, und ein anderes Mal wollen wir es nicht wahrhaben. Dennoch lässt all das eines nicht außer Acht: Was Sie nicht mehr brauchen, müssen Sie früher oder später entsorgen.

Gewinnen Sie hier aber keinen falschen Eindruck: Der Minimalismus möchte Ihnen nicht vermitteln, dass alles so schnell wie möglich aus dem Haus muss. Dieser Lebensstil unterstützt nicht die sogenannte „Wegwerfgesellschaft".

Vielmehr zeigt er auf, dass die Wertlosigkeit irgendwann erkannt werden muss, um seine Schlüsse zu ziehen.

Sei es nun ein Verkauf, Verschenken oder die komplette Entsorgung: Früher oder später müssen Sie Platz schaffen. Und diese Erkenntnis zu erlangen, ist sehr wichtig und kann auch eine Weile dauern.

Prinzip 4: Kein Kauf von Nutzlosem

Das letzte Prinzip des Minimalismus ist wohl auch das, was die meisten Menschen am schwersten umsetzen können. Besonders in der Anfangsphase wartet hier jeden Tag eine kleine Herausforderung.

Es ist doch alles andere als einfach, an Angeboten und schönen Dingen einfach so vorbeizugehen. Früher wurde es gekauft, doch nun steht der Verzicht klar im Vordergrund. Setzen Sie sich nicht unter Druck, denn auch Sie dürfen einmal schwach werden. Versuchen Sie aber, mit all Ihren Kräften zu entsagen. Jeder kleine Erfolg bringt Sie ein großes Stück weiter!

Ihr Ziel sollte es ein, zu unterscheiden: Fragen Sie sich, was Sie brauchen und was warten kann. Lassen Sie Platz in Ihre vier Wände einziehen, und Sie werden von einem wundervollen

Gefühl der Befreiung und Ausgeglichenheit kosten können. Sie haben nun wieder Zeit für andere Dinge und können den Mehrwert der Gegenstände sehen, die Sie nun noch besitzen!

FINDEN SIE IHREN WEG

Bestimmt ist Ihnen Eines schon aufgefallen: Der Minimalismus verfolgt viele Wege, und Sie haben die Wahl, den richtigen für sich zu finden. Vielleicht müssen Sie ab und an umdrehen und eine andere Weggabelung nehmen. Aber auch das werden Sie ganz bestimmt ohne Probleme schaffen.

Wichtig sind immer Ihre persönlichen Vorstellungen und was Sie erreichen möchten.

Sie haben ganz allein die Entscheidungsgewalt! Dennoch sollten Sie sich immer wieder vor Augen führen, um was es für Sie im neuen Alltag geht:

- Entdecken Sie das, was nutzlos ist
- Entscheiden Sie für sich, von was Sie sich trennen möchten. Ob Sie das bis zum Ende verfolgen, können Sie allein wählen

- Die Tiefe des Minimalismus liegt ebenfalls bei Ihnen. Wie viel Sie davon annehmen und was nicht, entscheiden Sie

Sie haben keinen zeitlichen Druck. Auch wenn Sie so viel wie möglich in einer kurzen Zeitspanne erreichen möchten, sollte Sie es doch langsam angehen lassen. Sie dürfen die Kraft des Minimalismus nicht unterschätzen. Sie haben sehr viele Gewohnheiten in Ihr Leben gelassen, die Sie nicht von heute auf morgen einfach ziehen lassen können.
Sie allein geben die Regeln vor, und Sie können auch entscheiden, welches Tempo Ihre persönliche Grundlage ist.

Sind Sie nun neugierig geworden? Super, dann können Sie loslegen!
Doch bevor Sie sich in ein neues Leben begeben, sollte auch noch mit zwei deutlichen Vorurteilen aufgeräumt werden. Vielleicht sind auch Ihnen diese schon in den Sinn gekommen:

1. Sehr viele Menschen behaupten, dass Minimalisten überhaupt kein Geld ausgeben. Sie sind mehr als sparsam, und so stellt sich schnell die Frage, wo der Spaß bleibt. Doch das entspricht nicht der Wahrheit. Minimalisten geben ebenfalls und auch sehr gerne Geld aus, doch sie kaufen nicht irgendetwas. Alles, was sie bezahlen, haben sie auch mit Bedacht ausgewählt!

2. Minimalisten besitzen genau 100 Dinge! Auch wenn Sie das nun belächeln, hält sich diese Weisheit in den Köpfen der Bevölkerung. Sicherlich wird es Personen geben, die weder mehr noch weniger besitzen, doch es stellt nicht die Regel dar. Es ist weder ein Muss noch eine Grundlage. Es kommt immer darauf an, wie intensiv dieser Stil gelebt wird.
Sie dürfen somit auch ruhig mehr als 100 Dinge besitzen.

Wenn sich nun wieder die Verunsicherung breit machen möchte, schieben diese getrost zur Seite.

Sie werden schnell merken, dass es gar nicht so schwer ist, minimalistisch zu leben. Niemand sagt Ihnen, dass Sie alle Möglichkeiten der Veränderung in Erwägung ziehen müssen. Sie können entscheiden, was Sie umsetzen und was nicht.

Denn schließlich geht es darum, dass Sie Ihr Leben positiv beeinflussen, sich von Ballast befreien und endlich wieder durchatmen dürfen.

Was Sie als störend empfinden und was Sie nicht mehr möchten, entscheiden Sie! Es kommt nicht auf die Menge an, sondern darauf, dass Sie bereit sind, es zu tun!

Starten Sie noch heute!

2.Kapitel: Die Vorteile des Minimalismus

MEHR ALS PURER VERZICHT

Viele Menschen, die nur am Rande etwas vom Minimalismus erfahren, sind der Ansicht, dass das Leben durch Verzicht gezeichnet ist. Auch geht es nicht nur darum, Schränke und Schubladen vollständig zu entleeren.
Hinter diesem Lebensstil steckt sehr viel mehr.

Es geht darum, dass Leben zu ordnen und sich von den Dingen zu trennen, die uns nicht guttun. Herauszufinden, was es ist, und sich dann davon loszusagen, ist natürlich nicht immer einfach. Aber es beeinflusst das Leben positiv.
Denn niemand möchte auf Dauer mit Ballast durch den Alltag gehen. Es gibt nur ein Leben,

und das sollte auch in vollen Zügen genossen werden.
Träume verwirklichen und Sehnsüchte stillen sind nur zwei Vorteile, die Ihnen beim Minimalismus begegnen können.
Was Sie noch erwartet und warum es sich lohnt, auf jeden Fall einen Schritt in dieses neue Leben zu wagen, erfahren Sie in den folgenden Punkten. Lassen Sie sich überraschen! Vielleicht werden Sie am Ende dieses Kapitels gar nicht mehr länger warten wollen: Dann lassen Sie sich nicht aufhalten!

VORTEILE, DIE BEGEISTERN

1.VORTEIL: ZU SICH SELBST FINDEN

Manchmal ist das Leben ein Kreis, aus dem es kein Entrinnen gibt. Wir schwimmen mit dem Strom, ohne uns umzuschauen. Mithalten ist angesagt, und was wir selbst wollen, spielt für uns gar keine Rolle mehr. Das kann fast jeden Tag beobachtet werden. Damit Sie dieses Verhal-

ten besser verstehen und auch glauben können, ein kurzes Beispiel: Ein guter Freund möchte unbedingt auf eine Feier gehen. Aber natürlich macht es ihm keinen Spaß, allein dort aufzutauchen. Aus diesem Grund fragt er Sie. Er meint es gut und weiß, dass auch Sie gerne den Abend auswärts verbringen. Doch gerade heute verspüren Sie keine große Lust, auszugehen. Mag es nun an Ihrem persönlichen Empfinden liegen oder weil der Gastgeber nicht gerade Ihr „bester Freund" ist. Sie wägen ab und kommen zu dem Schluss, dass Sie Ihren Freund doch nicht enttäuschen können! Obwohl Sie also nicht möchten, gehen Sie auf die Feier und stellen Ihre eigenen Interessen hintenan.
Das ist nur ein kleiner Einblick aus dem täglichen Leben. So es auf der Arbeit oder im privaten Alltag: Viel zu oft stellen wir das, was wir wirklich wollen, ganz hinten in die Reihe.
Der Minimalismus hilft Ihnen, wieder einen klaren Blick auf die Dinge zu bekommen. Diese Lebensart offenbart, was Sie wirklich wollen und was Sie sich wünschen. Es geht nicht darum, immer das zu tun, was andere von Ihnen erwarten. Sie haben ein Leben, und Sie haben Wün-

sche und Träume, die nicht ewig warten. Natürlich ist es nicht schlimm, wenn Sie ab und an eine Ausnahme machen, aber es darf nicht fester Bestandteil Ihres Lebens sein.
Sie lernen, den Fokus wieder auf sich selbst zu lenken und gezielt darauf zu achten, was Sie wollen. Sie finden Stück für Stück heraus, was Ihrem Körper und auch Ihrer Seele guttut. Glück und Zufriedenheit sind wieder greifbar, und Sie schaffen es, endlich wieder auf Ihre innere Stimme zu hören.
Das kann soweit führen, dass Sie Ihr Leben von Grund auf verändern. Sie wenden sich vielleicht von Menschen ab, die Sie nun aus einem anderen Blickwinkel betrachten. Es kann aber auch passieren, dass Sie sich einen neuen Job suchen, weil Sie nun endlich wissen, warum Sie sich nicht gut fühlen.
Es gibt viele Möglichkeiten, und der Minimalismus zeigt Ihnen auf, was wirklich wichtig und gut für Sie ist!

2. Vorteil: Ängste gehen zurück

Vorweg sollte gesagt werden, dass die Angst Sie sehr auf die Probe stellen kann. Wenn Sie sich noch in der Anfangsphase befinden, werden Sie immer wieder mit Ihrer inneren Stimme konfrontiert. Diese wird versuchen, Sie aufzuhalten! Sie wird Ihnen sagen, dass Sie dieses oder jenes unmöglich entsorgen können, denn schließlich war es doch schon so lange ein Begleiter Ihres Lebens. Diese Gedanken werden natürlich nur wenig hilfreich sein, um Ihr Vorhaben durchzusetzen. Sie schüren die Angst nur noch mehr und lassen Sie von einem sicheren Vorhaben vielleicht sogar Abstand nehmen.

Doch all das ist völlig normal. Sie befinden sich auf einem neuen Weg, und es braucht Zeit, bis Sie sich an dieses neue Leben gewöhnen. Wenn Sie zuvor ein Mensch waren, der sich nie leicht von etwas trennen konnte, können Sie auch nicht verlangen, dass es schon beim ersten Versuch wunderbar klappt. Denken Sie immer daran: Aller Anfang ist schwer!

Doch mit der Zeit wird es einfacher werden. Je länger Sie an Ihrem Wunsch und der Umsetzung festhalten, desto besser wird es Ihnen gehen. Sie müssen sich mit Ihrer Angst auseinandersetzen - das gehört zum Minimalismus dazu. Die ersten Male wird es sehr viel Kraft kosten, aber schon bald ist es für Sie kein Problem mehr.

Sie werden sich nicht mehr fragen, ob es gut war, dass Sie das Shirt entsorgt haben, oder ob das Bild nicht doch noch hätte bleiben können. Sie haben die richtige Entscheidung getroffen, und Angst kennen Sie nicht mehr!

Wichtig ist jedoch, dass Sie diese Emotionen auch zulassen und nicht versuchen, Sie von Anfang an von sich zu schieben. Nur wenn Sie es fühlen, können Sie auch mit einer Verbesserung rechnen.

Lassen Sie sich darauf ein und sagen Sie Ihrer Angst den Kampf an.

3. Vorteil: Weniger Stress

Wenn wir etwas entsorgen, besitzen wir natürlich weniger. Das fängt schon an, wenn Sie sich nur gegen eine Tasse oder ein Bild entscheiden.

Die Folge: Sie haben weniger, um das Sie sich kümmern müssen. Auch ein Bild oder eine Tasse muss gereinigt werden.

Sicherlich sorgt diese Ausführung für ein Lächeln auf Ihren Lippen. Natürlich nimmt es größere Formen an, wenn Sie richtig ausmisten.

Letztendlich dürfen Sie sich über weniger Zeitdruck und Arbeit freuen. Sie haben mehr Zeit für andere Dinge und können Ihre Freizeit noch besser gestalten.

Stellen Sie sich vor, Sie haben so richtig Ordnung in einem Regal gemacht. Hier finden Sie jetzt nur noch die Hälfte dessen, was sonst viele Jahre in ihm stand. Zwar scheint es auf den ersten Blick ein wenig gewöhnungsbedürftig zu sein, aber mit Putzen sind Sie viel schneller fertig. Sie müssen weniger anheben und wieder hinstellen. Auch die Dinge, die sich im Regal befinden, müssen Sie natürlich säubern. Der halbe Inhalt braucht somit auch die halbe Zeit!

Sie haben viel mehr Freiraum und können endlich alles „unter einen Hut" bekommen, was zuvor nur schwer möglich war.

Das klingt doch verlockend, oder?

4. Vorteil: Mehr Zeit

Der dritte Vorteil führt Sie direkt zu diesem.
Sie haben nicht mehr so viel, worum Sie sich kümmern müssen. Das minimiert natürlich nicht nur den Stress, sondern Sie haben auch mehr Zeit. Sie müssen nicht mehr so viel Putzen, räumen weniger auf und können sich auf das konzentrieren, was wirklich Spaß macht.
Aber was mit der neuen Zeit anfangen? Es ist nicht immer leicht, diese Freizeit auch zu nutzen, wenn sie zuvor viele Jahre nicht gegeben war.
Doch auch das sollte kein Problem für Sie sein: Hören Sie in sich hinein und finden Sie heraus, was Sie gerne tun möchten. Sicherlich haben Sie einen kleinen Traum, möchten noch etwas Neues lernen oder vielleicht sogar ein altes Hobby wieder aufnehmen. Setzen Sie sich nicht unter Druck, Sie haben Zeit und können jetzt ganz neu weitermachen.
Besonders auffällig wird das bei einigen Frauen sein. Die Zeit vor dem Kleiderschrank kann ihnen besonders am Morgen sehr viel Energie rauben. Der Schrank ist zum Bersten voll, aber

dennoch möchte sich einfach nichts finden lassen, was passt! Jeden Tag aufs Neue stellt sich das weibliche Geschlecht die Frage: Was soll ich bloß anziehen?
Doch das wird es nun nicht mehr geben. Denn wenn der Kleiderschrank minimalistisch aufgeräumt wird, ist schnell das passende Outfit gefunden. Es spart Zeit und bewahrt wertvolle Kraft, die natürlich gerade am Morgen benötigt wird. Da bleibt doch noch Zeit für einen guten Kaffee.
Sie sehen schon: Sie können wunderbar Zeit sparen, ein neues Hobby entdecken oder sogar mehr mit Ihrer Familie unternehmen.
Stress sollte nicht zu Ihrem Leben gehören!

5.Vorteil: Mehr Platz

Es ist völlig normal, dass wir ab und an etwas kaufen. Im Verlauf des Lebens gesellen sich auch noch Geschenke hinzu, und schon bald ist das neue Regal ausgefüllt. Also braucht es noch ein neues, doch auch das ist irgendwann zum Bersten voll.

Stauraum ist in einem Haus und besonders in einer Wohnung immer begrenzt. Es ist zwar möglich, sich neuen Platz zu schaffen, aber auch dieser ist irgendwann aufgebraucht.

Der Minimalismus zeigt Ihnen, wie schön es sein kann, endlich wieder Platz zu haben. Indem Sie mit System Dingen entsagen, die wirklich keinen Nutzen mehr haben, dürfen Sie sich auch wieder über mehr Platz freuen.

Wenn Sie richtig großen Erfolg haben, können Sie vielleicht sogar eine Kommode oder einen Schrank abbauen. Gerade in kleinen Wohnungen hat das einen großen Vorteil. Die Übersicht wird größer, und Sie können wieder richtig Luft holen.

Sie schaffen effektiv Platz und können vielleicht etwas unterbringen, was Sie schon lange in Ihren vier Wänden haben wollten, von dem Sie aber bis heute nicht wussten, wie Sie es bloß unterbringen sollten.

6. Vorteil: Mehr Geld

Dass es durchaus sehr viele guten Seiten hat, wenn Sie nicht mehr so viel besitzen, haben Sie bereits erfahren. Doch es geht noch weit darüber hinaus.

Sie können obendrein auch noch Geld sparen oder sogar etwas hinzuverdienen. Wie das geht? Es ist ganz einfach.

Wenn Sie von nun an nicht mehr so viel kaufen, wird sich natürlich auch Ihr Geldbeutel freuen. Es wird sicherlich am Anfang nicht einfach sein, und wenn Sie das ein oder andere Mal schwach werden, wird es Ihnen auch verziehen werden. Doch es ist wichtig, dass Sie sich wieder an Ihr Vorhaben erinnern und nicht vergessen, was Sie sich vorgenommen haben.

Doch es geht noch besser! Sie können durchaus auch noch ein wenig Geld nach dem Aufräumen verdienen. Schauen Sie sich Ihre Sachen genau an. Was nicht mehr verwertbar ist, sollte natürlich weggeworfen werden. Aber vielleicht haben Sie auch Stücke gefunden, die noch gut sind und einen Nutzen hätten. Vielleicht freut sich noch jemand darüber? Finden Sie es heraus und wagen Sie sich an den Verkauf.

Das können Sie ganz einfach über das Internet versuchen. Sie werden schnell Portale finden, die Sie unterstützen werden. Sollten die jedoch nicht das Passende für Sie sein, können Sie es auch über die Zeitung versuchen. Auch wenn das Medium Internet heute sehr auf dem Vormarsch ist, werfen doch sehr viele Menschen noch tagtäglich einen Blick in die Zeitung: Versuchen Sie es einfach! Wenn auch das nicht infrage kommt und Sie dem potentiellen Käufer lieber gegenüberstehen möchten, ist vielleicht ein Flohmarkt die richtige Alternative. Hören Sie sich um: Sicherlich finden Sie in der Nähe eine Anlaufstelle. Hier können Sie verhandeln und neue Kontakte knüpfen.

Kurzum: Sparen Sie Geld, indem Sie nicht mehr so viel kaufen und auch keine neuen Möbel mehr brauchen. Verdienen Sie sich etwas dazu, indem Sie Aussortiertes und gut Erhaltenes an einen anderen Menschen weitergeben.

7. Vorteil: Mehr Ordnung

Wie oft fragen Sie sich, wo denn der Stift geblieben ist, und was geht Ihnen erst durch den Kopf, wenn Sie am frühen Morgen den Autoschlüssel nicht finden können? Schnell ist das Chaos perfekt, und im schlimmsten Fall kommen Sie auch noch zu spät zur Arbeit.

Mit dem Minimalismus wird Ihnen das nicht mehr passieren, denn Sie schaffen Ordnung, wo sie am dringendsten gebraucht wird. Nach einiger Zeit finden Sie nur noch die Dinge in Ihrer Wohnung vor, die Sie wirklich brauchen. Es gibt keine überfüllten Schränke oder Regale mehr. Alles hat seinen festen Platz, und Sie wissen immer sofort, wo Sie suchen müssen.

Was schließen Sie daraus? Wo wenig Chaos herrscht, ist auch schnell alles gefunden. Der Autoschlüssel wird jeden Tag da sein, und auch der Stift liegt dort, wo Sie ihn gestern abgelegt haben.

Mit der Zeit wird es für Sie eine Selbstverständlichkeit sein, alles auch dort abzulegen, wo es hingehört. Es gehört zu Ihrem geordneten Leben

einfach dazu und geht Ihnen in Fleisch und Blut über.
Freuen Sie sich über mehr Ordnung und verabschieden Sie sich von langen Suchaktionen. Oft reicht nur ein Griff, und Sie haben alles zur Hand.

8.Vorteil: Hausarbeit schnell erledigt

Wenn Sie die Veränderungen beibehalten, dürfen Sie sich auch über weniger Hausarbeit freuen. Sie wissen natürlich nur zu gut, dass Staub wischen und Saugen sich nicht von allein erledigen. Doch oft sind genau das die Arbeiten, die wir auch gerne auf morgen vertagen. Irgendwann muss es aber erledigt werden. Hier sollten wir uns erst einmal die Frage stellen, warum wir nicht gerne sauber machen? Liegt es vielleicht daran, dass wir immer wieder Möbel verschieben und Dekoration in die Hand nehmen müssen? Diese Vorhaben rauben Zeit und sind natürlich auch anstrengend. Es führt soweit, dass wir schon nach kurzer Zeit keine große Lust mehr zum Aufräumen verspüren.

Doch all das ist nun nicht mehr Ihre Sorge. Sie haben sich schon vieler Sachen entledigt und müssen somit auch nur wenig zur Seite räumen. Sie haben sozusagen freie Bahn und können loslegen.
Es ist für Sie absolut kein Problem, schnell und gut Ordnung zu halten. Nebenbei können Sie schon sehr viel erledigen, was zuvor viel Zeit in Anspruch genommen hat.
Mehr Ordnung bringt weniger Hausarbeit mit sich!
Dennoch: All das heißt nicht, dass Sie von heute auf morgen Ihre Wohnung bis auf das Nötigste beräumen müssen. Letztendlich zählt immer, dass Sie sich auch wohlfühlen. Denn in Ihren eigenen vier Wänden finden Sie Ihren Rückzugsort. Und hier können Sie nur Entspannung finden, wenn rundum alles passt.

9.Vorteil: Neue Flexibilität

Einfach die Sachen packen und für eine gewisse Zeit verreisen. Wenn wir keine Verpflichtungen hätten, wäre das doch eigentlich ganz einfach, oder? Nein, leider sieht es ganz anders aus.

Denn wer viele Sachen besitzt, muss auch viel einpacken. Das kann sich schon bei der Urlaubsreise bemerkbar machen. Kleidung für eine Woche muss erst einmal sortiert und gesucht werden. Schließlich weiß niemand genau, wie sich die Wetterlage entwickeln wird. Schnell werden Sommer- und Wintersachen übereinandergeworfen und nichts ist mehr zu finden. So kann das selbstverständliche Sachenpacken recht rasant zu einer unliebsamen Tagesaufgabe werden. Sie merken schon, wie wichtig Ordnung im Kleiderschrank ist. Diese wartet in der Zukunft auf Sie, und Sie werden sie schon bald nicht mehr missen wollen. Schnell haben Sie alle wichtigen Kleidungsstücke zusammen und sind für jede Wetterlage gerüstet. So macht Verreisen gleich doppelt Spaß!
Doch nicht nur für den Urlaub müssen die Taschen gepackt werden. Auch ein Umzug erfordert das. Erschwerend kommt hier noch hinzu, dass auch die gesamte Einrichtung mitgenommen werden muss. Bevor das aber geschehen kann, müssen auch wieder die Schränke und Schubläden ausgeräumt werden, was in sehr viel Arbeit ausarten kann. Doch Sie wissen nun,

wie es richtig geht. Wenn Sie immer nur das besitzen, was Sie auch brauchen, müssen Sie weniger zusammenpacken und können auch schneller umziehen. Sie sind schlichtweg flexibler und könnten fast schon von einem Tag auf den anderen den Wohnort wechseln!

Doch auch hier stellt sich die Frage, ob Sie überhaupt von einem Tag auf den anderen umziehen möchten! Sicher ist das im wirklichen Leben nur schwer umsetzbar. Aber dennoch: Wenn Sie es leichter haben, Ihre Sachen zu packen, handeln Sie auch schneller. Sie denken nicht mehr zu lange darüber nach, ob Sie den Job in der neuen Stadt annehmen oder alles hinter sich lassen möchten, um mit Ihrer großen Liebe eine neue Wohnung zu beziehen.

Sie haben ganz neue Möglichkeiten und können in kurzer Zeit eine Entscheidung treffen, die Ihr Leben positiv verändern kann. Und wenn es nicht gut ausgeht, haben Sie dazu gelernt und müssen sich nicht mehr fragen, was geschehen wäre, wenn Sie diesen Schritt nur gegangen wären.

Wir leben in einer Welt, in der fast alles erhältlich ist. Wenn wir einen Wunsch haben, gehen wir in die Stadt oder suchen im Internet: Es dauert nicht lange, und wir haben das, was wir gesucht haben.
Angebote locken an jeder Ecke, da fällt es umso schwerer, einfach an ihnen vorbeizugehen. So geben wir doch nach und kaufen das Angebotene. Für den Anfang haben wir auch Freude daran und sind mit unserer Entscheidung zufrieden. Doch irgendwann geht die Aufmerksamkeit verloren, und vielleicht gerät es sogar ganz in Vergessenheit. Das geschieht immer wieder. Auf diese Weise stapeln sich nicht nur die Gegenstände und Kleidungsstücke, sondern wir verlernen auch, wie wertvoll das „Eine“ sein kann.
Wenn Sie immer wieder etwas kaufen und sich schon bald nicht mehr an die letzte Errungenschaft erinnern können, wird es Ihnen so auch bei dem neuen Besitztum ergehen. Wenn Sie jedoch genau darauf achten, was Sie erwerben, und es bewusst jeden Tag sehen und pflegen,

begegnen Sie der Wertschätzung auf einer völlig neuen Ebene.
Sie lernen, Gegenstände mehr zu achten und sie auch zu pflegen. Was Sie zuvor achtlos zur Seite gestellt haben, sehen Sie nun mit Bedacht an und möchten es nicht mehr missen. Sie werden wieder beginnen, Gegenstände zu reparieren, bevor Sie diese einfach wegwerfen. Wenn das nicht in Eigenleistung möglich ist, schauen Sie sich bestimmt nach einem Bekannten oder auch einem Fachmann um, der Ihnen helfen kann.
Wertschätzung bekommt für Sie eine ganz neue Bedeutung. Leider ist das in der heutigen Zeit etwas, was sehr vielen Menschen verlorengeht. Doch Sie gehören nicht zu ihnen!

11.Vorteil: Mehr Kreativität

Wenn Sie nicht mehr so viel besitzen, wenden Sie sich natürlich mehr den Dingen zu, die Sie noch haben. Das führt auch dazu, dass Sie viele Dinge gerne zweckentfremden. Bevor Sie etwas wegwerfen, machen Sie sich Gedanken darüber, wie Sie es noch verwenden könnten. Sie werden staunen, was Ihnen alles einfällt. Denn was auf den ersten Blick nicht mehr zu gebrauchen ist, kann noch eine sehr effektive Verwendung haben.

Bevor Sie etwas Neues kaufen, fragen Sie sich erst, was Sie besitzen und was Sie davon vielleicht für Ihren eigentlich Plan verwenden können.

In der Tat: Es braucht ein wenig Fantasie, aber diese werden Sie sicherlich haben. Entdecken Sie eine lange verlorene Kreativität, die Sie nie für möglich gehalten hätten.

Ein sehr gutes Beispiel lässt sich in der Küche finden. Gewürze kosten sehr viel Geld, und dennoch werden Sie gebraucht. Was machen Sie, wenn Ihnen wichtige Kräuter ausgehen? Gehen Sie nicht sofort los und kaufen Sie Neue. Schauen Sie sich erst an, was Sie noch alles im Gewürzschrank finden. Und jetzt seien Sie mutig und experimentieren Sie ein wenig. Verwenden Sie Kräuter, die Sie nur selten nutzen, und finden Sie Kombinationen, die Sie begeistern werden.

Brauchen Sie wirklich noch das fehlende Gewürz? Nein, sicherlich werden Sie merken, dass es auch ohne dieses Eine geht. Und als Belohnung wird Sie ein ganz neues Geschmackserlebnis verzaubern!

12. Vorteil: Mehr Freiheit

Wie Sie schon bemerkt haben, verändert sich Ihr Leben mit dem Minimalismus sehr positiv. Es können wieder Dinge möglich sein, für die zuvor einfach keine Zeit war. Sie haben mehr Überblick, suchen weniger und minimieren Ihren Stress.

Auch wenn nicht jeder Tag genauso verlaufen wird, wie Sie es sich vorstellen, dürfen Sie sich doch über eine gute Veränderung freuen.

Sie können auch kurzfristig Entscheidungen treffen und werden dafür auch Anerkennung von Ihrem Umfeld ernten. Sie werden überrascht sein, wie schön es sein kann, einfach eine Idee in die Tat umzusetzen! Organisieren Sie Feiern, gehen Sie aus und genießen Sie das Leben, wann Sie es möchten!

Finden Sie heraus, wie schön sich die neue Freiheit anfühlen kann. Sie werden sie nicht mehr missen wollen!

13. Vorteil: Mehr Dankbarkeit

Es sind von nun an die kleinen Dinge, die Sie begeistern werden. Sie haben schon gelernt, dass Sie der Wertschätzung auf einem neuen Level begegnen werden. Mit der Dankbarkeit gestaltet es sich ähnlich.
Sie wissen genau, wie viel Liebe in jedem kleinen Detail steckt, und werden auch dankbarer dafür sein, dass Sie etwas besitzen. Es ist ein wundervolles Gefühl der Entspannung und inneren Ruhe.
Sie lernen zu verstehen, wie viel Arbeit in jedem Gegenstand steckt, und werden alles mit ganz anderen Augen sehen.
Was jetzt vielleicht ein wenig übertrieben klingen mag, wird Sie aber begeistern, sobald Sie es selbst gespürt haben.

14. Vorteil: Etwas Gutes für die Umwelt

Wiederverwendung und Reparaturen sind für Sie nun keine Fremdwörter mehr. Sie haben gelernt, gewisse Dinge länger zu behalten und nur

dann etwas zu kaufen, wenn Sie es auch wirklich brauchen. Wenn Sie so handeln und auch daran festhalten, leisten Sie auch einen wichtigen und wertvollen Betrag für unsere Umwelt.
Es gibt so viele Möglichkeiten!
Wenn Sie Second-Hand-Kleidung kaufen, schonen Sie die Produktionen. Ähnlich gestaltet es sich, wenn Sie Ihre Sachen selbst nähen. Selbstverständlich fällt es nicht sehr stark auf, wenn nur Sie so handeln. Doch Sie müssen immer das Gesamtbild sehen. Wenn viele Menschen genau das verfolgen, was Sie zu Ihrem Alltag gemacht haben, hat es eine sehr große Wirkung.
Der Minimalismus ermöglicht Ihnen ein anderes Denken. Es geht nicht mehr darum, immer die neuste Mode zu besitzen. Viel wichtiger ist es, dass es Ihnen selbst gefällt. Auch Lebensmittel werden nach Bedarf und nicht nach Aussehen oder Angebot gekauft. Selbst wenn es für den Anfang eine große Umstellung bedeutet, wird Ihr Leben eine durchweg positive Wendung nehmen.

15. Vorteil: Gesundes Leben

Wer ausgeglichen und zufrieden lebt, ist auch gesünder!

Sie stellen Ihr Leben um: Wenn Sie noch vor kurzer Zeit gerne zu einem Fertiggericht gegriffen haben, weil Sie keine große Lust hatten, etwas zu kochen, werden Sie das nun nicht mehr tun. Sie werden bewusster essen und sich auch Zeit nehmen, dieses zuzubereiten. Sie werden Freude in der Küche, Ihrer Wohnung und Ihrer Umgebung haben. Sie sind glücklicher und zufriedener als jemals zuvor.

All das wird sich auch positiv auf Ihre Gesundheit auswirken.

Sicher: Es schützt Sie nicht vor einer Erkältung oder einem grippalen Infekt. Doch auch diese Erkrankungen werden Sie viel schneller überwinden können, wenn Sie rundum zufrieden sind.

3.Kapitel: Minimalismus am Arbeitsplatz

STARK DURCH DEN ARBEITSTAG

Wenn Sie der Meinung sind, dass die Vorteile schon eine sehr große Überzeugungskraft hatten, werden Sie nun überrascht sein. Denn hinter dem Minimalismus steckt noch sehr viel mehr.

Im Beruf stehen wir immer wieder vor großen und kleinen Herausforderungen. Wenn wir zu Hause eine Auszeit brauchen, dürfen wir uns diese auch nehmen. Doch am Arbeitsplatz ist das natürlich nicht möglich. So hart es klingt: Hier interessiert es leider niemanden, ob Sie etwas nicht finden können oder in einer Stresssituation stecken. Sie müssen Ihr Bestes geben, auch wenn Sie keine Kraft mehr zu haben scheinen.

Doch warum kommt es überhaupt soweit? Gibt es nicht eine Möglichkeit, genau diese negativen Emotionen gar nicht erst aufkommen zu lassen? Ja, es ist durchaus nicht undenkbar! Der Minimalismus kann Ihnen auch am Arbeitsplatz eine sehr große Stütze sein.
Er zeigt Ihnen, dass Sie große Probleme bereits „im Keim ersticken“ können. Es braucht nur ein wenig Organisation und Durchhaltevermögen.
Wie Ihnen das gelingen kann und wie Sie immer den Überblick behalten, werden Ihnen die nachfolgenden Tipps zeigen.

Verabschieden Sie sich von langem Suchen und haben Sie immer die Unterlagen zur Hand, die Sie brauchen. Kommen Sie immer gestärkt und voller Selbstbewusstsein durch jedes Gespräch und seien Sie die Person, die alles im Griff hat.
All das ist kein Traum und keine Vorstellung, die erst in vielen Jahren erreicht werden könnte: Es braucht nur Ihren Mut und den Wunsch einer Veränderung. Wenn Sie das beherzigen, können Sie alles schaffen.

TIPPS FÜR DEN BERUFLICHEN ERFOLG

1.Tipp: Inventar prüfen und ordnen

Vielleicht hatten auch Sie schon einmal diesen Gedanken: Der Schreibtisch scheint der reinste Ablageplatz zu sein. Überall wo Sie hinsehen, liegt etwas. Es gibt kaum einen Millimeter, der nicht von Unterlagen, Stiften oder anderen Utensilien verdeckt ist.

Was ein wenig „überspitzt" klingt", ist aber in vielen Büros der harte Alltag. Das ist auch niemandem zu verdenken. Der Job stellt uns jeden Tag vor neue Herausforderungen. Wir möchten den Anforderungen genügen und noch besser sein, als andere es von uns erwarten. Diese Einstellung ist sehr lobenswert, aber am besten kann das gelingen, wenn Sie genau wissen, was Sie wo finden. Aber Sie haben recht, es ist nicht leicht!

Dennoch sollten Sie es sich fest vornehmen! Versuchen Sie es so: Verschaffen Sie sich einen Überblick, was Sie alles besitzen. Dazu zählen auch Unterlagen und Gegenstände, die in Ihren Schubladen liegen. Sammeln Sie alles an einem Platz und nehmen Sie es in die Hand. Dann fragen Sie sich ganz bewusst, was Sie von diesen Dingen noch brauchen, was Sie nur manchmal benutzen oder was schon lange ungenutzt nur Platz wegnimmt.

Nach diesen Feststellungen sortieren Sie aus. Dinge, die Sie jeden Tag brauchen, ordnen Sie im günstigsten Fall direkt auf Ihrem Schreibtisch an. Wenn Sie zu dem Schluss kommen, dass Sie etwas gar nicht mehr brauchen, entsorgen Sie es einfach. Es ist nur Ballast und wird Sie immer wieder bei Ihrer täglichen Arbeit behindern.

Wenn Sie so vergehen, können Sie schon bald von einer Ordnung profitieren, die Sie schon immer wollten. Sie werden staunen, wie schnell Sie Dinge finden, die sonst einen wahren Suchmarathon auslösten.

Sicher: Dieser Vorgang wird ein wenig Zeit brauchen, aber es lohnt sich, und Sie werden mit dem Ergebnis mehr als zufrieden sein.

Sie möchten keinen Fehler machen und sind unsicher, ob Sie etwas wirklich wegwerfen können? Das ist ganz normal, und bevor wir im Arbeitsleben eine Entscheidung treffen, die vielleicht Folgen haben kann, überlegen wir lieber ein zweites Mal.

Doch Zeit ist natürlich auch kostbar. Lassen Sie nicht zu viel verstreichen!

Helfen kann Ihnen in diesem Fall eine Box. Wenn Sie etwas finden, über dessen Wichtigkeit Sie sich noch nicht ganz klar sind, dann werfen Sie es einfach in diese Schachtel. Wenn Sie alles gefunden haben, verstauen Sie die Box an einem Ort, der es Ihnen möglich macht, schnell auf den Inhalt zuzugreifen. Denn schließlich wissen Sie nicht, ob Sie es noch gebrauchen könnten.

Nun lassen Sie eine gewisse Zeit verstreichen. Im günstigsten Fall sind es ein paar Monate. Dann werfen Sie wieder einen Blick in Ihre Box und fragen sich, was Sie in der Zeit wirklich vermisst haben. Sollte noch alles zu finden sein, können Sie gut und gerne auf den gesamten Inhalt verzichten. Denn selbst, wenn Sie ab und

an etwas herbeigesehnt haben, brauchten Sie es nicht und haben eine Alternative gefunden. Diese können Sie auch weiterhin nutzen.
Lösen Sie sich von diesem Ballast und schaffen Sie Platz! Sie werden viel freier arbeiten können.

3.Tipp: Minimalistisch einrichten

Sie können nur dann die optimale Leistung erbringen, wenn Sie sich in Ihrem Büro wohlfühlen. Dafür ist nicht nur die Einrichtung, sondern auch die gesamte Umgebung sehr wichtig. Doch wie sollte das beste Umfeld für Ihre Arbeit aussehen? Diese Frage können Sie nur beantworten, wenn Sie von vorn beginnen. Das heißt: Räumen Sie alles von Ihrem Schreibtisch, was Sie finden können. Im Idealfall liegt hier wirklich gar nichts mehr, sondern nur eine leere und ebene Fläche.
Nun stellen Sie sich ganz klar die Frage, was Sie immer brauchen und was in Ihrem Alltag unersetzlich ist. Das sind sicherlich Ihr Computer, das Telefon, Tastatur und Maus. Ohne diese Dinge können Sie nicht arbeiten, und sie sind ausschlaggebend für Ihren Erfolg.

Nun entscheiden Sie Stück für Stück, was Sie für Ihre tägliche Arbeit brauchen. Notizzettel sind wichtig, sollten aber nicht in Hülle und Fülle zu finden sein. Auch Ablagekästen können für Ordnung sorgen, aber es reicht eine kleine Auswahl. Stifte, die nicht mehr schreiben, brauchen Sie nicht mehr, doch was haben Sie die Zeit, diese nacheinander zu testen? Versuchen Sie es jetzt!

Fotos und andere Dekoration sind natürlich auch erlaubt. Schließlich soll der Arbeitsplatz auch einladend wirken. Aber auch hier ist weniger oft mehr. Ein Bild von der Familie und ein oder zwei Dekorationen sollten ausreichen.

Wie und wo Sie etwas aufstellen, obliegt natürlich Ihnen. Wichtig ist aber, dass Sie die Dinge, die Sie wirklich jeden Tag brauchen, sofort greifen können. Verstauen Sie sie nicht in Schubläden, sondern platzieren Sie sie auf dem Tisch.

Sicherlich wird Ihr neuer Schreibtisch zu Beginn ein wenig gewöhnungsbedürftig sein, aber schon bald werden Sie feststellen, dass Sie genau die richtige Entscheidung getroffen haben. Sie haben viel schneller die wichtigsten Dinge zur Hand, können effektiver arbeiten und müssen nicht mehr lange nach etwas suchen, was Sie dringend brauchen. So kommen Sie auch zu keinem Termin mehr zu spät. Und wer weiß: Vielleicht sind Sie schon bald ein Vorbild für Ihre Kollegen!

4.TIPP: UNTERLAGEN

Im Büroalltag sind sie mehr als wichtig. Mit Unterlagen jeglicher Art steht und fällt ein Unternehmen. Wenn Sie schon einmal ein wichtiges Dokument gesucht haben, wissen Sie, wie wertvoll „ein Stück Papier“ im Berufsleben sein kann. Es sind weit mehr als nur Zahlen und Buchstaben, die Sie auf ihm finden.
Sie wissen aber auch: Wer viel hat, muss unter Umständen auch sehr lange nach etwas suchen. Nun ist das bei Dokumenten und Ordnern nicht immer ganz einfach zu bewerten. Gerade im Beruf und somit im Firmenbereich gibt es Fristen, die eingehalten werden müssen. Wenn Sie der Meinung sind, dass Sie schon lange keinen Blick mehr auf eine Rechnung oder einen Vertrag geworfen haben, dürfen Sie diese Dokumente natürlich nicht sofort entsorgen. Es kann gut mög-

lich sein, dass Sie noch weitere zehn Jahre auf sie achten müssen. Hier ist es wichtig, dass Sie ganz klar differenzieren können. Unterlagen, welche die gesetzliche Frist der Aufbewahrung überschritten haben, können Sie getrost entsorgen. Schon hier werden Sie feststellen, wie schnell ein Ordner und eine Ablage schwinden. Unterlagen, die noch jünger sind, müssen Sie natürlich noch aufbewahren. Aber auch hier können Sie effektiv Platz schaffen. Dabei kann Ihnen die Digitalisierung helfen. Scannen Sie dafür Ihre Unterlagen ein und geben Sie jedem Dokument oder jedem Bereich einen aussagekräftigen Namen. So ist alles schnell gefunden, und Sie können sich über weniger Papier freuen. Ganz gleich jedoch, ob Digitalisierung oder Aufbewahrungsfristen: In beiden Fällen ist es wichtig und ratsam, dass Sie mit Ihrem Chef darüber reden. Vielleicht hat er die Möglichkeit der digitalen Wiedergabe noch nicht in Betracht gezogen und wäre dankbar über einen solchen Denkanstoß. Auch er kann Ihnen sagen, welche Unterlagen die Fristen schon überschritten haben.

5. Tipp: Dekoration nur mit Bedacht

Sie lieben es, Ihre eigenen vier Wände zu dekorieren, und möchten das natürlich auch im Büro umsetzen? Hier eine Blume, dort ein Bild und hier vielleicht noch eine schöne Figur, die zum Lächeln anregt. Es ist schön, dass Sie solche Gedanken haben, und wer weiß, vielleicht würde es wirklich die Stimmung heben. Doch es lenkt auch ab.

Aus diesem Grund ist es wichtig, dass Sie erst mit weniger anfangen. Es muss nicht gleich das „volle Programm" sein, denn weniger ist manchmal einfach mehr. Am besten wäre es, wenn Sie zuerst mit einer Blume beginnen. Diese macht nicht zu viel zusätzliche Arbeit und sieht wahrlich sehr schön aus. Wenn Sie und Ihr Kollege (sollten Sie kein Einzelbüro besitzen), sich wohlfühlen, können Sie Ihren Plan ein Stück weiterführen. Probieren Sie es nun mit einer kleinen Figur oder vielleicht einer weiteren Blume. Kommt auch das gut an, sollten Sie aber schon aufpassen. Denn Blumen müssen gepflegt werden, und auch zusätzliche Gegenstände brauchen immer ein wenig Beachtung.

Besondere Vorsicht gilt bei Postern. Auch wenn Sie nur ungern auf eine solche Wanddekoration verzichten möchten, sollten Sie wirklich aufpassen. Denn schließlich können Sie auch einmal Besuch von einem Kunden bekommen. Bunte Bilder lenken stark ab und können auch sehr viel Unruhe in den Alltag bringen.

Eine dezente Dekoration ist somit unbedingt anzuraten. Zu Hause können Sie nach Herzenslust Ihre Fantasie spielen lassen, im Büro stößt dies jedoch nicht immer auf eine positive Begegnung. Alles muss gepflegt und in einem sehr guten Zustand gehalten werden.

Doch Sie können sich so gar nicht an die spärliche Dekoration gewöhnen? Warten Sie ab und lassen Sie die Umgebung für eine längere Zeit auf sich wirken. Schon bald werden auch Sie die Vorteile erkennen und bemerken, dass Minimalismus und Dekoration zwei Dinge sind, die sich durchaus gut verstehen können. Manche Dinge brauchen einfach Zeit, und die sollten Sie ihnen auch geben.

Ordnung und Struktur sind nicht nur in Ihrem Büro und auf Ihrem Schreibtisch wichtig. Auch der Inhalt Ihres Computers sollte immer wieder geordnet werden. Fangen Sie zuerst bei den Ordnern und Dokumenten an. Vielleicht ist es Ihnen schon passiert, dass Sie eine Datei gesucht, aber nicht gefunden haben. Einzige Hilfe war Ihnen in diesem Fall noch die Suchfunktion. Doch auch diese kann manchmal an ihre Grenzen stoßen.

Damit Sie nicht mehr lange suchen müssen und wertvolle Zeit sparen können, gibt es natürlich eine Möglichkeit. Versuchen Sie, Ihre Ordner zu ordnen. Schauen Sie sich genau an, was sich hinter welchem Namen verbirgt. Sicherlich gibt es hier Verbesserungsbedarf. Im Arbeitsalltag haben wir oft nicht sehr viel Zeit, uns auch mit der Ordnung auf dem Computer zu befassen. Jetzt versuchen Sie, Dateien zusammenzuführen und eventuell neue Ordner anzulegen. Vergeben sie dabei Namen, die Ihnen das Suchen einfacher machen. Es braucht natürlich auch hier wieder etwas Zeit, aber es ist machbar.

Wenn Sie sich erst einmal ein Bild geschaffen haben, werden Sie sich fragen, wie Sie zuvor ohne arbeiten konnten. Nun ist es aber auch wichtig, dass Sie daran festhalten. Kräftigen Sie Ihr Durchhaltevermögen und legen Sie ein neues Dokument nicht wieder „wild“ auf dem Computer ab. Fügen Sie es sofort dem Ordner hinzu, der am besten zu der Datei passt.

Doch das Sortieren allein reicht leider nicht aus. Wenn Sie etwas finden, was Sie nicht mehr brauchen - sofort löschen. Das auf dem Computer zu tun, ist sicherlich ein wenig leichter als im realen Leben. Denn was Sie hier löschen, finden Sie, so lange Sie wollen, im „Papierkorb“ wieder. Sollten Sie sich also unsicher sein, können Sie es jederzeit zurückholen. Dass können Sie durchaus mit dem „Box-System“ vergleichen.

Haben Sie hier Ordnung schaffen können, dürfen Sie den PC leider noch nicht ausschalten. Nun sollten Sie einen Blick auf Ihre Programme werfen. Sie wissen, dass der Arbeitsalltag von sehr vielen Programmen unterstützt wird. Seien das Schreib-, Rechen- oder Buchungsprogramme: Die Auswahl ist groß! Doch was nutzen Sie

tatsächlich noch? Ist es wirklich so, dass Sie alles jeden Tag brauchen?
Wenn nicht, sollten Sie dieser Feststellung auf den Grund gehen und genauer hinschauen. Gibt es vielleicht sogar etwas, was Sie gar nicht mehr brauchen, weil Sie schon sehr lange mit einer besseren Version arbeiten? Das digitale Leben zieht sehr schnell an uns vorbei, und da ist es kein Wunder, dass wir nicht sofort an eine Deinstallation denken. Nehmen Sie sich die Zeit und gehen Sie auf die Suche: Was Sie nicht mehr brauchen, verbannen Sie von Ihrem PC, und Sie haben einen besseren Überblick, der Ihnen ein noch schnelleres Arbeiten ermöglicht.

7.Tipp: Mail-Chaos

Kennen Sie es auch? Sie öffnen am Morgen Ihr E-Mail-Postfach und werden nur so von Nachrichten überhäuft. Sich einen groben Überblick zu verschaffen, fällt alles andere als leicht. Schnell stellt sich natürlich die Frage, ob Sie wirklich alles lesen müssen, oder ob nicht auch gewisse Dinge sofort gelöscht werden können.

Auch wenn es zu schön wäre, nützt es nichts: Sie sollten sich jede Mail anschauen. Oftmals verrät Ihnen schon der Absender, ob es wichtig ist oder eher als Spam bewertet werden kann. Eine grobe Aufteilung kann Ihnen hier schnell helfen. Legen Sie in Ihrem Postfach Ordner an. Nutzen Sie für die Einteilung im besten Fall den Namen des Absenders. Auf diese Weise können Sie am Morgen schnell eine Aufteilung unternehmen und dann auf einen Blick entscheiden, was Sie sofort lesen sollten und was noch Zeit hat.

Nehmen Sie sich auch die Zeit, Mails, die Sie nicht mehr brauchen, sofort zu löschen. Auch Werbung hat in einem gut sortierten Postfach nichts zu suchen. Sie sorgt nur für Unübersichtlichkeit und kann dazu führen, dass die wichtigen Nachrichten untergehen.

Sie merken schon: Ordnung ist nicht nur auf dem Schreibtisch und dem Desktop wichtig, sondern auch im virtuellen Postfach!

Sicherlich haben auch Sie schon einmal von To-Do-Listen gehört. Sie können im Leben vieles vereinfachen.

Manchmal ist es gar nicht so einfach, alles unter einen Hut zu bringen. Sie haben Termine und wissen gar nicht, wie Sie neben diesen auch noch den normalen Alltag bewerkstelligen sollen. Geht es überhaupt, etwas nicht zu vergessen?

Ja, es ist durchaus möglich! Denn gerade im Job ist es wichtig, dass Sie den Überblick behalten und auch alles erledigen, was Sie für den Tag geplant haben. Zwar kann auch einmal ein Missgeschick passieren, aber es sollte nicht geschehen. Denn gesellt sich dazu noch ein Zweites, kann das schnell große und unangenehme Folgen haben.

Im Büro haben Sie zwei Möglichkeiten, wie Sie eine To-Do- Liste erstellen können. Wenn Sie die meiste Zeit mit Ihrem Computer arbeiten, bietet es sich an, diese wichtige Liste auch direkt dort zu erstellen. Dazu können Sie ein ganz normales Schreibprogramm verwenden. Nehmen Sie sich am Morgen, oder vielleicht kurz vor Feierabend, ein wenig Zeit und sammeln Sie Ihre Gedanken. Fragen Sie sich, was wichtig ist, und ordnen Sie die Aufgaben nach Prioritäten. Das Wichtigste sollte demzufolge oben stehen. Wenn Sie etwas erledigt haben, können Sie die entsprechende Aufgabe einfach löschen. Es ist ein gutes Gefühl, wenn die Liste schrumpft.

Sollte Ihnen das aber zu kompliziert sein, und haben Sie nur recht wenig mit dem Computer zu tun, schreiben Sie sie einfach per Hand. Die Liste können Sie auf den Schreibtisch oder an einen anderen Ort legen. Wichtig ist, dass sie immer greifbereit ist und Sie sofort sehen, was noch zu erledigen ist.

Lassen Sie das Wesentliche nie mehr aus den Augen und kümmern Sie sich immer um das, was wirklich wichtig ist!

9.Tipp: Stück für Stück

Sind Sie stolz darauf, dass Sie mehrere Dinge auf einmal erledigen können? Auch wenn das im Haushalt sicherlich förderlich sein kann, sollten Sie im Büro eher vorsichtig sein. Sollten Sie zu Hause etwas vergessen oder nicht ganz so gründlich erledigen, ist es sicherlich nicht ganz so schlimm wie im Beruf. Hier gilt eine klare Regel: Erledigen Sie erst das Eine, und dann fangen Sie mit der nächsten Aufgabe an. Der Fokus ist enorm wichtig. Wenn Sie mit Zahlen oder anderen wichtigen Unterlagen arbeiten, müssen Sie immer mit den Gedanken richtig und klar bei der Sache sein. Ablenkungen haben hier nichts zu suchen. Nur dann können Sie auch sicher sein, dass Sie nichts vergessen und keine Rückfragen auf Sie zukommen.

Haben Sie etwas erledigt, nehmen Sie sich die Zeit, noch einen abschließenden Blick darüber zuwerfen. Wenn Sie dann noch immer zufrieden sind, können Sie es zur Seite legen und die nächste Herausforderung annehmen.

Auf diese Weise empfinden Sie auch mehr Ruhe und Gelassenheit. Sie wissen, dass Sie sicherlich alles richtig gemacht haben, und können sich voller Konzentration auf die nächste Aufgabe konzentrieren.

Vielleicht haben Sie sich während der Ausführungen gefragt, wann Sie denn hier noch eine Pause machen sollen. Denken Sie bitte nicht, dass eine Pause nicht wichtig ist oder gar kein Platz dafür ist: Es ist wichtig, dass Sie Ihre Ruhezeiten einhalten. Auch wenn Sie so viel wie möglich schaffen möchten, nimmt die Konzentration irgendwann ab. Das hat nichts damit zu tun, dass Sie nicht belastbar sind. Es ist eine ganz normale Reaktion des Körpers, und Sie sollten in jedem Fall auf diese Warnzeichen reagieren.

Versuchen Sie, Ihre Pausen auf keinen Fall vor dem PC zu verbringen, wenn das Ihr Arbeitsplatz ist. Nehmen Sie Abstand, setzen Sie sich in die Kantine oder gehen Sie ein paar Schritte. Vielleicht haben Sie in Ihrem Büro auch einen Tisch für Kunden, den Sie nutzen können. Was Sie in dieser Zeit machen, liegt ganz an Ihnen: Lesen Sie ein Buch oder blättern Sie in einer Zeitschrift. Sie können auch einfach Ihren Gedanken nachhängen (aber bitte nicht über die Arbeit). Doch auch Entspannungsübungen für

den Nacken sind natürlich möglich und schaffen Lockerheit während der Arbeitszeit.
Finden Sie für sich heraus, was möglich ist und wie Sie sich am wohlsten fühlen. Halten Sie an Ihren Zeiten fest, auch wenn Ihnen ab und an etwas anderes gesagt wird. Sie können nur dann eine gute Leistung erbringen.

KURZES FAZIT

Hätten Sie gedacht, wie vielfältig der Minimalismus am Arbeitsplatz sein kann? Sie haben so viele Möglichkeiten, etwas zu verändern.
Werfen Sie einen Blick auf Ihren Schreibtisch und wenden Sie sich Ihrer Dekoration zu. Finden Sie heraus, was Ihnen in der Pause den größten Spaß macht, und schaffen Sie Ordnung auf Ihrem Desktop.
Wenn Sie dann noch die richtige To-Do-Liste vor sich haben, kann gar nichts mehr schief gehen, und Sie kommen gut strukturiert durch den Tag.

Ausgeglichenheit und Organisation sind am Arbeitsplatz besonders wichtig. Wenn beides in einem guten Verhältnis zueinander steht, werden Stress und Sorgen stark reduziert sein. Sie werden sicherlich nicht jeder negativen Situation aus dem Weg gehen können, aber Sie werden lernen, damit umzugehen und auch nicht ganz so oft einer solchen gegenüberstehen zu müssen.

4.Kapitel: Tipps für ein strukturiertes und minimalistisches Leben – Teil 1

AUF IN EINEN GUTEN START

Endlich dem Entsagen, was zu viel ist! Was einfach klingt, braucht jedoch sehr viel Übung und natürlich auch den richtigen Anfang.

Sicher: Sie könnten jetzt einfach anfangen, auszusortieren und sich der Dinge zu entledigen, die einfach zu viel erscheinen. Auch könnten Sie Ihren Einkauf besser kontrollieren und nur noch das mit nach Hause bringen, was Sie auch für den Moment wirklich brauchen!

Doch ist das allein die richtige Strategie? Wenn Sie minimalistisch leben möchten, braucht es mehr als das. Sie entscheiden sich für einen Lebensstil, der nicht nur Sie, sondern auch Ihren

Alltag nachhaltig und - wenn alles gut funktioniert - für immer verändern wird.
Es braucht Mut, Durchhaltevermögen und natürlich auch Ihren eigenen Willen, den kleinen Problemen immer wieder zu trotzen!

Fühlen Sie sich bereit? Wenn hier ein ganz klares „Ja“ aus Ihrer Seele spricht, sollten Sie nicht noch mehr Zeit verstreichen lassen. Dann ist heute der beste Tag, um einen Start zu wagen, der alles verändern kann: natürlich nur zum positiven Sinne!
Auch wenn es ab und an einen kleinen Trennungsschmerz geben kann, werden Sie diesen mit der Zeit auch überwinden.

Sie sind stark, und Sie sind auf dem richtigen Weg! Lassen Sie sich auch von kleinen Hürden niemals aufhalten und denken Sie immer an Ihr Ziel. Lernen Sie, wieder frei zu atmen, und lösen Sie Fesseln, die vielleicht völlig unbemerkt auf Ihrer Seele lagen. Dort ist nicht der richtige Platz!

Jeder Mensch hat nur dieses eine Leben, und es sollte doch so einfach wie möglich sein.
Sie können Ihr Leben selbst steuern und für sich selbst positiv beeinflussen.

TIPPS FÜR EIN LEICHTES UND KLARERES LEBEN

Nun sind Sie bestimmt schon sehr gespannt, was sich hinter den folgenden Hinweisen verbirgt. Vielleicht werden Sie überrascht sein, dass es doch in bestimmten Bereichen des Alltages sehr einfach sein kann. Doch auch wenn Sie sich an einen Ratschlag nicht heranwagen, kann sich ein Versuch lohnen.
Probieren Sie es einfach aus und spüren Sie die Veränderung.

1.Tipp: Handy

Es ist aus dem Leben nicht mehr wegzudenken! Betrachten Sie sich einfach selbst: Wie oft am Tag schauen Sie auf Ihr Handy? Manchmal geschieht das sogar unbewusst. Wir bemerken es gar nicht mehr und werfen einen Blick darauf, obwohl wir nicht einmal eine Nachricht erwarten.

Heute ersetzt dieses mobile Telefon die Uhr, den morgendlichen Wecker, schreibt für uns virtuelle Grußkarten, erinnert an Termine und gar wichtige Geburtstage. Wie können wir dann auch nur einen halben Tag ohne es sein? Es geht durchaus, und Sie sollten nicht länger zögern, es einfach auszuprobieren. Auch wenn die Worte „Früher haben wir es auch nicht gebraucht" schon ein wenig „alt" klingen mögen, lohnt sich eine genaue Betrachtung.

Wo ist die Zeit hin, in der wichtige Termine noch in den Köpfen der Menschen gespeichert waren? Und wo sind die wunderschönen Momente geblieben, in denen wir uns über eine unerwartete Karte aufrichtig freuten? Das all dies heute noch möglich ist, sehen wir im Alltagsstress oftmals

nicht. Dabei würde es so viel positiv verändern, wenn wir selbst es nur wollen.
Finden auch Sie das wieder, was noch vor ein paar Jahren völlig normal war. Wenden Sie diesen Momenten nicht den Rücken zu und werfen Sie wenigstens einen kurzen Blick zurück. Das können Sie dann schaffen, wenn Sie Ihrem Smartphone einen festen Platz zuordnen. Sobald Sie z.B. nach Hause kommen, legen Sie es auf die Garderobe und lassen es dort auch liegen. Den Rest des Tages versuchen Sie einfach, ohne diese Technik auszukommen.
Sollte das jedoch mit Ihrem Tagesplan nicht zu vereinen sein, können Sie es auch nur für ein paar Stunden versuchen. Die Zeit spielt erst einmal eine untergeordnete Rolle. Wichtig ist, dass Sie einen Schritt gehen und sich an dieser so wichtigen Änderung versuchen.
Auf diese Weise werden Sie einen ganz neuen Blick auf Ihre Umgebung gewinnen und sich vielleicht wieder den Dingen widmen können, die Sie sonst gar nicht mehr „sehen“ konnten. Finden Sie die Freiheit wieder, die Sie vielleicht vor ein paar Jahren unbemerkt verloren haben.

2.Tipp: Keine unnötigen Abos

Wann haben Sie sich das letzte Mal einen Überblick über Ihre Abos verschafft? Es kann schon lange her sein, dass Sie diese abgeschlossen haben. Heute kommen sie wöchentlich in Ihr Haus, und Sie schauen Sie sich nicht einmal mehr an. Ohne auch nur einen Blick landen sie auch schon wieder in der Papiertonne! Doch muss das wirklich sein? Gegen ein Abo ist nichts einzuwenden, wenn Sie es nutzen und sich auch für das Thema interessieren. Doch wenn das nicht der Fall ist, können Sie diesen Vertrag ruhig kündigen.

Verschaffen Sie sich einen Überblick über Ihre wöchentlichen Zeitschriften, Newsletter oder auch Magazine. Wenn Sie in keiner Weise mehr einen Nutzen in ihnen sehen, lassen Sie los. Das sorgt nicht nur für ein wenig mehr Übersicht in Ihrem Briefkasten, sondern löst auch störenden Ballast von Ihren Schultern.

Doch damit noch nicht genug: Wenn Sie weniger Zeitschriften erhalten, leisten Sie auch noch einen wichtigen und positiven Beitrag für die Umwelt.

Sie sind ein wichtiger Meilenstein in der Verschönerung jedes Raumes: Dekorationen lassen sich wohl in jedem Haus finden. Ganz gleich, ob zart und übersichtlich oder auffällig und reichhaltig - die Geschmäcker sind verschieden.
Dennoch ist viel nicht immer gleich gut. Auch wenn Sie sich selbst damit gut zu fühlen scheinen, ist es auch wichtig, einmal die Gegenseite auszuprobieren und sich einen genauen Überblick zu verschaffen.
Schauen Sie sich Ihre Dekorationen genauer an. Vielleicht findet sich etwas, was Sie schon lange vergessen haben oder auch nicht mehr genauer betrachtet haben. Auch wenn es vielleicht aufwändig sein mag: Nehmen Sie alles, was in Ihrer Wohnung als Dekoration anzusehen ist, in die Hand und fragen Sie sich, was Sie heute noch damit verbinden. Betrachten Sie Ihre Erinnerungen ganz genau und lassen Sie sich die Zeit, die Sie brauchen. Sollten Sie nachher zu dem Schluss kommen, dass Sie auch gut ohne den ein oder anderen Gegenstand auskommen würden, legen Sie ihn in eine Kiste. Wenn Sie es

noch nicht übers Herz bringen, müssen Sie diesen natürlich nicht sofort entsorgen.
Verwahren Sie die Kiste an einem Ort, wo Sie Ihr tägliches Leben nicht beeinflusst. Es bringt also nichts, wenn Sie sie mitten in der Wohnstube platzieren würden. Wichtig ist, dass Sie die dort untergebrachten Dekoartikel für die nächste Zeit vergessen können.
Sollte Sie danach herausfinden, dass sie ihnen nicht sonderlich fehlen, können Sie sich ruhig endgültig von ihnen lossagen. Sollten Sie jedoch bei ein paar Dingen noch eine Art Wehmut verspüren, können Sie sie auch wieder aufstellen. Finden Sie für sich heraus, welche Trennung für Sie erträglich ist.
Dies ermöglicht Ihnen einen völlig neuen Blick, neue Einrichtungsmöglichkeiten und natürlich auch jede Menge neuen Platz!

4.Tipp: Verstecke finden

Wenn wir etwas verstauen müssen und neuen Platz brauchen, neigen wir dazu, Schubläden und Schränke zu füllen. Doch nicht nur das: Mit der Zeit sind wir sogar recht erfinderisch und scheinen aus allen Möglichkeiten ein kleines Versteck zu machen. Mit der Zeit werden es immer mehr, und irgendwann können wir gar nicht mehr sagen, wo wir gewisse Dinge wirklich gelagert haben.

Wie sieht es bei Ihnen aus? Haben auch Sie in Ihrem Haus Verstecke, die Sie gar nicht mehr alle benennen könnten? Dann ist es jetzt an der Zeit, auf die Suche zu gehen. Finden Sie heraus, wo Sie vielleicht schon vor ein paar Jahren Dinge hinterlegt haben, an welche Sie sich heute gar nicht mehr erinnern können. Und wer weiß: Vielleicht verbirgt sich an diesen „fremden" Orten noch viel mehr!

Doch natürlich geht es hierbei nicht nur um die pure Suche. Was Sie einmal gefunden haben, sollten Sie auch so schnell wie möglich beräumen. Schauen Sie nicht nur nach, sondern leeren Sie Schränke und Schubläden auch aus. Dann haben Sie wieder Platz. Aber Vorsicht: Nicht sofort wieder neu füllen!

Sie liegen überall herum und nur die wenigsten haben einen festen Platz: Stifte gibt es in großer Zahl wohl in jeder Wohnung. Seien es nun Werbestifte oder gar sehr preisintensive Geschenke: Die Auswahl ist groß!

Doch haben Sie sich schon einmal genauer mit Ihren Schreibutensilien beschäftigt? Wie oft benutzen Sie welchen Stift und wie fühlt es sich an? Auch wenn das nun ein wenig seltsam klingen mag, sollten Sie genau hierauf eine Antwort finden.

Legen Sie am besten alle Stifte in Ihrer Wohnung an einen Platz. Nun nehmen Sie sich noch ein Blatt Papier und probieren jeden Stift aus. Hier können sich schon erste Erkenntnisse ergeben. Wenn der ein oder andere nicht mehr schreibt, können Sie ihn sofort entsorgen. Ein Minenwechsel ist aufgrund der großen Anzahl von Stiften sicherlich nicht mehr nötig. Nun haben Sie sicherlich nur noch eine kleine Auswahl vor sich liegen. Jetzt gilt es noch zu prüfen, welcher Stift gut in Ihrer Hand liegt. Denn schließlich können Sie nur dann wirklich gut und sauber schreiben,

wenn Ihnen das Schreibutensil auch ein solches Gefühl vermittelt. Lassen Sie sich für diese Prüfung ruhig einen Moment Zeit und schreiben Sie auch mehr als nur ein Wort. Entscheiden Sie dann, wie Sie sich fühlen und welcher Kugelschreiber es noch wert ist, auch weiterhin behalten zu werden. Sie werden überrascht sein, wie klein Ihr Bestand dann sein kann.
Kleiner Tipp: Besonders in Städten bei Aktionen in Kaufhäusern oder auch auf der Straße werden oft gratis Kugelschreiber verteilt. Wenn Sie wissen, dass Sie eigentlich keinen brauchen, nehmen Sie ihn auch nicht an. Sagen Sie einfach „Nein“, oder lassen Sie ihn liegen. Denn was Sie nicht brauchen und denn doch mit nach Hause nehmen, wird irgendwann Ballast sein.

6.Tipp: Proben im Badezimmer

Auch Ihr Badezimmer kann voll von kleinen Überraschungen sein. Besonderes Augenmerk liegt hier auf den vielen kleinen Proben, die in Zeitschriften oder auch in Drogeriemärkten in Hülle und Fülle zur Verfügung stehen. Auch wenn wir uns anfänglich sicherlich darüber

freuen, werden sie doch irgendwann zu einem Ballast.
Immer wieder räumen wir sie von A nach B. Und dann gibt es auch hier noch eine ganz andere Frage: Welche Proben nutzen wir wirklich? Denn besonders in Zeitschriften haben wir keine Auswahl. Wir nehmen das, was gerade zur Verfügung steht. Auch wenn vielleicht die erste Geruchsprobe noch nicht ganz überzeugt, heben wir die kleine Flasche dennoch auf. Sollten wir das aber bei vielen Zeitungen und über einen längeren Zeitraum tun, ist die Masse der kleinen Fläschchen oft sehr groß.
Hier gibt es nur einen Weg: Schubläden auf und Ordnung schaffen. Sammeln Sie auch hier alle Proben zusammen. Seien es nun Parfumflaschen, Cremes oder Masken: Die Auswahl ist sicherlich groß. Und nun schauen Sie sich jedes Produkt genau an und fragen Sie sich, was Sie wirklich brauchen. Vielleicht verbirgt sich unter diesen Dingen etwas, was Sie gar nicht vertragen oder was Ihnen vom Geruch überhaupt nicht zusagt.
Wenn Sie die Kosmetikartikel gefunden haben, die Ihnen immer noch zusagen, suchen Sie sich

einen Platz, wo Sie nicht stören, und setzen Sie sich ein Ziel: Nutzen Sie die Proben so schnell wie möglich! So schaffen Sie wieder Raum und können sich Stück für Stück von den kleinen Flaschen lossagen.

7.Tipp: Wegbegleiter

Auch wenn dieser Hinweis für Sie ein wenig seltsam klingen mag, lohnt es sich in jedem Fall, es einmal auszuprobieren.
Schreiben Sie sich auf einen kleinen Zettel die folgenden Worte: Brauche ich das jetzt wirklich? Auch wenn Sie für den Moment nicht an die Kraft dieses Satzes glauben, kann er doch so einiges bewirken. Nun stellen Sie sich vor, Sie stehen vor einem Regal und möchten etwas unbedingt kaufen. Nicht weil Sie es brauchen, sondern weil es Ihnen einfach gefällt. Doch genau hier verbirgt sich wieder die Gefahr. Jetzt denken Sie an Ihren Zettel in der Tasche oder dem Portemonnaie. Wenn es Ihnen hilft, holen Sie ihn heraus und betrachten sich die Worte. Nun sehen Sie sich noch einmal den Gegenstand an,

den Sie gerade kaufen wollten. Wie denken Sie nun darüber? Möchten Sie ihn immer noch?
Es gilt immer ganz klar zu entscheiden: Brauchen Sie etwas, oder gehen Sie nur einem inneren Bedürfnis nach?

8.Tipp: Entsorgung von Müll

Sicherlich kennen auch Sie das: Wir finden Dinge, die wir nicht mehr brauchen und nehmen uns vor, sie zu entsorgen. Wir möchten aber auch nicht sofort hinaus gehen, um genau das zu tun, sondern befassen uns erst einmal mit anderen Dingen. Wahrscheinlich gehen wir in dieser Zeit auch noch mehrere Male daran vorbei.
Und was passiert dann? Genau, irgendwann entscheiden wir uns dazu, dies oder jenes doch noch aufzuheben. Damit sparen wir uns immerhin den Weg Richtung Tonne.
Doch leider ist genau das der falsche Weg. Wenn Sie etwas gefunden haben, was Sie nicht mehr brauchen, dann legen Sie es nicht auf „Lager“, bis Sie das nächste Mal hinausgehen. Das kann dazu führen, dass Sie keinen Platz schaffen, ob-

wohl Sie es möchten, und irgendwann wieder vor dem gleichen Problem stehen. Das kostet nicht nur Zeit, sondern auch sehr viel Energie.
Warten Sie also nicht mehr länger und gehen Sie sofort die Entsorgung an, wenn Sie sich für etwas entschieden haben.

9.Tipp: Küche „sortieren“

Vorräte sind sehr gut und erleichtern den wöchentlichen Speiseplan. Doch auch sie können schnell negative Dinge nach sich ziehen.
Es werden Gewürze oder auch Lebensmittel gekauft, die gar nicht gebraucht werden. Vielleicht hatten Sie beim Erwerb einen Gedanken im Kopf und wollten unbedingt ein neues Rezept ausprobieren. Doch dann hatte der Alltag einen anderen Plan für Sie. Nun bleibt das liegen, wofür Sie Geld ausgegeben haben.
Das ist natürlich kein Einzelfall. Handelt es sich um Gewürze oder ähnliches., müssen Sie sie natürlich nicht sofort entsorgen. Doch auch hier ist irgendwann die Haltbarkeit erreicht. Dann heißt es: aussortieren! Schauen Sie sich alles an und werfen Sie ruhig weg, was nicht mehr im

Rahmen liegt. Auch wenn es nicht so aussieht, können auch Gewürze durchaus verderben beziehungsweise nach einer gewissen Zeit nicht mehr den Geschmack vermitteln, der Ihnen eigentlich obliegen sollte.
Es ist recht viel Aufwand, doch Sie sollten es wirklich ab und an versuchen! So behalten Sie immer den Überblick!

10.Tipp: Blick vor die Haustür

Natürlich ist das Innere des Hauses / der Wohnung sehr wichtig. Wenn hier keine Ordnung herrscht, entsteht schnell einen Eindruck, den kein Besitzer gerne erwecken möchte.
Doch es gibt noch mehr: Werfen Sie einen Blick vor Ihre Haustür. Dabei spielt es keine Rolle, ob Sie in einem Mehrfamilienhaus leben oder ein eigenes Haus besitzen.
Herrscht vor dem Eingang schon das große Chaos, ist der erste negative Eindruck auch rasch geschaffen.
Werfen Sie also den Müll nicht einfach vor die Tür, auch wenn Sie sich sicher sind, dass Sie in den nächsten 15 Minuten nach draußen gehen,

um ihn zu entsorgen. Denn genau in dieser Zeit kann es ganz unerwartet klingeln, und dann möchten Sie bestimmt nicht, dass der Besucher über Ihr Aussortiertes stolpert. In einem Mehrfamilienhaus vermittelt es ebenfalls einen sehr schlechten Eindruck. Denn wenn Ihr „Nachbar“ die Tür öffnet und ein solches Bild sieht, sind seine schlechten Gedanken vorprogrammiert.

Werfen Sie also nichts vor die Tür, sondern stellen Sie lieber eine hübsche Blume davor und sorgen Sie für ein Lächeln mit einem amüsanten Abtreter. Auch eine kleine Lampe oder ein freundliches Schild an der Haustür können helfen und in Sekundenschnelle ein gutes Gefühl vermitteln.

Probieren Sie es aus und werfen Sie noch heute einen aufmerksamen Blick vor Ihre Tür.

Pullover, Shirts und Hosen tragen wir jeden Tag. Wenn hier etwas nicht mehr passt und optisch gar nicht mehr unseren Vorstellungen entspricht, merken wir es natürlich relativ schnell. Wenn wir gewillt sind, auszusortieren, werden wir dieses Kleidungsstück auch entsorgen.
Anders sieht es jedoch bei Ihren Wintersachen aus. Schale, Mützen und auch Handschuhe tragen Sie natürlich nur in der kalten Jahreszeit. Wenn hier etwas nicht mehr gefällt, merken Sie es erst dann, wenn Sie es wirklich brauchen. Im schlimmsten Fall haben Sie dann keine warme Mütze oder auch keine wolligen Handschuhe mehr. Wenn das dann auch noch Ihr Kind betrifft, das diese Sachen sehr dringend braucht, ist die negative Stimmung schnell perfekt.
Nutzen Sie also auch die Zeit im Sommer und schauen Sie sich Ihre Wintersachen an. Legen Sie ruhig alles auf einen Haufen und verschaffen Sie sich einen Überblick. So geht es am schnellsten. Was Sie nicht mehr brauchen, entsorgen Sie sofort, und Sie können schon Ausschau nach neuen Stücken halten.

Wenn Sie so verfahren, sind Sie und auch Ihre Familie optimal für den nächsten Winter gerüstet. Und gleichzeitig entsorgen Sie natürlich auch gleich Kleidung, die nur unnötigen Platz wegnimmt.

12.Tipp: Bilder ansehen

Wie viele Bilder haben Sie an Ihren Wänden? Sind Sie ein Mensch, der gerne an jede freie Stelle eines hängt, oder gehen Sie mit dieser Dekoration eher sparsam um? Was gefällt, liegt natürlich immer im Auge des Betrachters. Dennoch versuchen Sie sich doch einmal in einem kleinen Test: Nehmen Sie alle Bilder von den Wänden, die Sie in Ihrer Wohnung finden können. Dann legen Sie sie vorsichtig in eine Kiste und stellen Sie sie weg. In diesem Zustand verweilen Sie nach Möglichkeit eine Woche - wenn es geht, auch noch länger. Dann stellen Sie sich eine Frage: Was haben Sie gefühlt?

Sicherlich haben Sie sich Gedanken über Ihre leeren Wände gemacht. In einem Raum gefiel es Ihnen vielleicht, und in einem anderen konnten Sie gar nicht auf positive Emotionen stoßen.

Nehmen Sie sich diese Gedanken zu Herzen und hängen Sie dort wieder Bilder auf, wo es Ihnen am besten gefällt.

Sicherlich werden Sie ein wenig sparsamer umgehen. Die restlichen Wanddekorationen müssen Sie natürlich nicht gleich wegwerfen. Lassen Sie sie ruhig in der Kiste. Und wer weiß: Vielleicht möchten Sie irgendwann ein Bild durch ein anderes ersetzen.

Spüren Sie die Veränderung!

5.Kapitel: Tipps für ein strukturiertes und minimalistisches Leben – Teil 2

DAS GROßE RUHT IM KLEINEN

Haben Sie bei einigen Punkten das Gefühl bekommen, dass es mit viel Aufwand verbunden ist? Eines ist klar: Es besteht immer eine gewisse Umstellung für das Leben, das Sie schon sehr lange Zeit geführt haben. So kann die Veränderung durchaus mit Aufwand und auch einigen Hürden verbunden sein.
Doch Sie können auch klein anfangen.

Wenn Sie zu Beginn einen kurzen und überschaubaren Einblick in die Welt und die Möglichkeiten des Minimalismus gewinnen möchten,

können Sie den Erfolg auch in den ganz kleinen Gegebenheiten finden.
Sie werden überrascht sein, was alles möglich ist. Es braucht oftmals gar keine so große Anstrengung, bis Sie einem völlig neuen Lebensgefühl näherkommen. Lassen Sie sich verzaubern und beeindrucken!
Auf diesem Weg können Sie sich Stück für Stück einen Eindruck verschaffen. Sie bestimmen das Tempo, und wenn Sie schon mit ganz kleinen Veränderungen zufrieden sind, dann ist es auch gut so.
Es ist Ihr Leben und Ihr Alltag. Sie allein müssen sich wohlfühlen, und Sie kennen sich selbst natürlich auch am besten.

TIPPS FÜR GROẞE VERÄNDERUNGEN MIT KLEINEM AUFWAND

Und nun lassen Sie sich entführen in eine Welt der Möglichkeiten und Veränderungen! Sie werden nicht nur einmal eine große Überraschung erleben.

1.Tipp: Aus bunt wird weiß

Welche Farben lieben Sie und wie sehen Ihre Utensilien des Alltages aus? Wenn Sie sich oft unruhig fühlen, kann es vielleicht an zu vielen Farben in Ihrem Zuhause liegen.
Versuchen Sie, in den nächsten Tag ein wenig anders zu leben. Nutzen Sie nur Dinge, die weiß sind. Wenn Sie davon nicht zu viel besitzen, können Sie auch andere neutrale und leichte Farben verwenden. Das könnte z.B. grün oder ein zartes gelb oder orange sein. Sie werden sicherlich etwas in Ihren vier Wänden finden. Sie können auch mehrere Farben kombinieren. Wichtig ist, dass sie jedoch nicht zu grell und auch in einem Gegenstand vermischt sind.

Auch wenn Sie jetzt noch ein wenig zweifeln: Wagen Sie einen Versuch und finden Sie heraus, was mit Ihnen und Ihren Gefühlen passiert!

2.Tipp: Genügend Zeit für den Kaffee

Ein guter Start in den Tag ist sehr wichtig. Wenn Sie hier schon hektisch und aufgebracht starten, sind auch die nächsten Stunden sicherlich von diesen Emotionen geprägt.
Nehmen Sie sich also Zeit, um am Morgen Ihren Kaffee zu genießen (sollten Sie Tee trinken, ist natürlich dieser gemeint).
Suchen Sie sich einen Platz und setzen Sie sich hin. Hier können Sie noch einmal Kräfte sammeln und, wenn Sie möchten, auch den Tag noch einmal sortieren. Sammeln Sie Ihre Gedanken und machen Sie sich einen Plan, wie Sie am effektivsten die Stunden bis zum Abend hin gestalten. Sie werden kaum eine bessere Gelegenheit finden, als diese. Genießen Sie jeden Schluck! Denn sicherlich ertappen Sie sich selbst immer wieder dabei, dass genau dafür keine Zeit mehr bleibt. Meistens geht es nur noch um Kaffee ansetzen, schnell abkühlen las-

sen und in zügigen Schlucken trinken, damit Sie das Haus verlassen können. Doch Sie müssen sich selbst nicht so jagen, und den Kaffee am Morgen haben Sie für einen guten Start in den Tag mehr als verdient.

3.Tipp: Platz für Kraft

Wir brauchen sie immer wieder: die Kraft. Sie steht uns als Helfer und Wegweiser jeden Tag vor allem bei schwierigen Situationen zur Seite. Doch nicht immer ist sie auch leicht zu finden.
Wie laden Sie Ihre Akkus wieder auf? Was unternehmen Sie, um wieder neue Kraft und Mut zu schöpfen, wenn diese beiden Helfer einmal andere Wege zu gehen scheinen? Wenn Sie auf diese Frage keine klare Antwort finden, ist es jetzt an der Zeit, etwas zu ändern. Denn auch fehlende Energiespeicher können als Ballast in einem Leben gesehen werden.
Wichtig ist also, dass Sie sich einen Platz einrichten, in dessen Mitte Sie entspannen und neue Energie tanken können. Sei es nun im Wohnzimmer oder sogar in der Küche: Ihrer Fantasie sind dabei keine Grenzen gesetzt.

Wichtig ist aber auch die Zeit, die Sie sich nehmen. Denn sehr viele Menschen sind der Meinung, dass Sie keine Gelegenheit haben, um sich im Alltagsstress etwas Gutes zu tun. Doch so ist es nicht, denn Ihnen reichen schon zwei Minuten aus! Wenn Sie in dieser Zeit den passenden Ort gefunden haben und sich voll und ganz nur auf sich konzentrieren können, werden Sie mit diesem durchaus geringen Zeitfenster große Erfolge feiern können.

Atmen Sie durch, sammeln Sie Kraft und bereiten Sie sich auf die Dinge vor, die Ihnen Sorgen bereiten und vielleicht sogar ein wenig Angst machen. Sie können alles schaffen! Sie brauchen nur die nötige innere Ruhe und ein Gefühl der Sicherheit. Diese beiden unersetzlichen Dinge, und noch viel mehr, finden Sie an Ihrem Platz der Ruhe.

Ganz gleich, ob morgens oder abends: Dieser Platz ist immer für Sie da.

Kleiner Hinweis: Gestaltungsmöglichkeiten finden Sie in Hülle und Fülle in den Weiten des Internets.

Es ist nur ein kleines Wort und hat doch eine sehr große Bedeutung. Wie oft bedanken Sie sich am Tag bei einem anderen Menschen? Und wenn Sie das tun, nehmen Sie es ganz bewusst wahr, oder sagen Sie es einfach nur daher, weil es der Anstand so erfordert?
Versuchen Sie sich immer wieder vor Augen zu führen, dass es sich nicht nur um ein Wort handelt. Hinter einem dankenden Wort steckt viel mehr. Sie zeigen damit einem anderen Menschen, dass Sie froh über seine Handlung sind und sich über das Entgegengebrachte sehr freuen. Im Gegenzug lösen Sie natürlich auch bei Ihrem Gegenüber große Freude aus. Dieser wird Sie mit einem „Bitte“ belohnen!
Doch Sie können nicht nur einem anderen Menschen für etwas danken. Es gibt da noch so viel mehr. Wenn Sie sich selbst etwas Gutes tun möchten, danken Sie jeden Abend dem Tag. Es wird so viel Schönes in Ihnen auslösen. Auch dann, wenn Sie ein paar Stunden verleben mussten, die Sie nicht sehr glücklich gemacht haben, ist doch jede Sekunde Ihres Lebens wert-

voll. Denn auch die negativen Emotionen und Erlebnisse gehören zum Leben dazu. Diese Momente machen Sie nur noch stärker und zeigen Ihnen, was wirklich in Ihnen steckt!

Nehmen Sie sich einfach die Zeit und schreiben Sie auf, was Sie glücklich gemacht hat. Notieren Sie, was Sie erlebt haben, und finden Sie heraus, was positive Emotionen in Ihnen ausgelöst hat. Auf diese Weise sagen Sie ganz klar „Danke" und können auch für die Zukunft sortieren, was Ihnen guttut und was Sie lieber anders machen sollten.

Ein „Danke" über die Lippen zu bringen, ist gar nicht so schwer. Und wenn Sie das aus tiefstem Herzen empfinden, macht es Sie mehr als glücklich!

5.Tipp: Boxen und Schachteln

Kleine Aufbewahrungsboxen sind die Allzweckwaffe in jedem Haushalt. Sie finden nicht nur überall Platz, sondern schaffen auch noch an sehr vielen Orten des Hauses Ordnung.

Haben auch Sie immer wieder kleine Dinge, die Sie von A nach B räumen? Irgendwann ärgern

Sie sich darüber. Doch Sie wissen auch nicht, wo Sie sonst all diese kleinen Utensilien lagern können. Denn schließlich können Sie sie noch gebrauchen und möchten sie im Fall der Fälle auch schnell wiederfinden.

Mit kleinen Schachteln können Sie genau das erreichen. Hier findet alles Platz, was nicht richtig untergebracht werden kann. Wenn Sie nun jede Box auch noch beschriften, geht ganz sicher nichts mehr verloren.

Doch Vorsicht ist dennoch geboten: Sorgen Sie dafür, dass auch in den Boxen immer Ordnung herrscht. Werfen Sie also nicht einfach etwas hinein, nur weil die dazu passende Schachtel gerade nicht direkt greifbar steht! Dann entsteht schon bald wieder ein Chaos, dass Sie natürlich bereinigen müssen!

6.Tipp: Leere Aufbewahrungsmöglichkeiten

Ordnung ist recht schnell gemacht, wenn immer wieder daran gearbeitet wird. Doch genauso schnell sammeln sich auch wieder Dinge an. Wenn diese sich wieder über einen längeren

Zeitraum ansammeln, hilft auch ein gutes Ordnungssystem nur sehr schleppend weiter.
Wenn Sie die Möglichkeit und auch den Platz haben, stellen Sie sich ein paar leere Boxen auf Lager. So können Sie immer wieder neuen Aufbewahrungsraum schaffen, wenn Sie ihn brauchen.
Auf diese Weise schaffen Sie sehr schnell Platz und können sich anderen Dingen widmen. Um Ihnen das noch ein wenig näher zu bringen, ein kurzes Beispiel: Sie haben einen wichtigen Termin und müssen, natürlich so schnell wie möglich, noch etwas an Ihrem Schreibtisch vorbereiten. Hier sind alle Utensilien griffbereit. Doch wenn genau dieser Platz überladen ist, können Sie selbstverständlich auch nicht arbeiten. Dafür kennen Sie nun aber die Lösung: Wenn Ihre Boxen voll sind oder nicht die richtige dabei ist, können Sie einfach eine neue aus dem Schrank nehmen. Hier findet sicherlich alles Platz, was auf dem Schreibtisch nichts zu suchen hat. Sie sehen also: Mit nur wenig Aufwand haben Sie Ihre Arbeitsfläche freigeräumt und können sich optimal auf Ihren Termin vorbereiten. Probieren Sie es aus!

Natürlich haben wir im Alltag nicht immer die Zeit, uns mit jedem Gegenstand eines Zimmers zu befassen. Oft stehen Dinge schon mehrere Jahre auf einem Regal, und wir fassen sie nur an, wenn wir dem Staub zu Leibe rücken möchten. Sicherlich denken Sie dabei nicht viel darüber nach, wann Sie das ein oder andere Stück einmal bekommen haben.

Doch genau das könnte Ihr Schlüssel für mehr Ordnung und Platz sein. Doch es braucht auch ein wenig Zeit und natürlich Durchhaltevermögen.

Sie sollten alles, was Sie in Ihren Räumen finden, in die Hand nehmen. Was aufwendig klingt, ist es durchaus auch. Aber wenn Sie es geschafft haben, sind Sie einen großen Schritt vorangekommen. Sie schaffen nicht nur Platz, sondern sorgen auch für mehr Energie und Kraft!

Drehen und wenden Sie alles, was Sie genauer „beleuchten“ müssen. Wenn Sie natürlich bei einem Gegenstand schon beim ersten Blick wissen, dass Sie sich nicht trennen wollen, müssen

Sie ihn auch nicht in die Hand nehmen. Bei Unsicherheit sollten Sie es jedoch tun. Betrachten Sie also alles, was nötig ist, ganz genau. Fragen Sie sich, wann Sie es gekauft oder auch geschenkt bekommen haben, und werden Sie sich einer Sache bewusst: Macht es Sie auch heute noch glücklich? Sollten mehr negative als positive Gedanken an einem Gegenstand hängen, ist es an der Zeit, sich zu verabschieden. Denn diese Ansicht wird sich auch in der Zukunft nicht mehr verändern. Und für Ihre Seele ist es wichtig, dass Sie sich von alten Lasten lösen!

8.Tipp: Erinnerungen

Immer, wenn Sie dieses eine Bild anschauen, denken Sie an Ihre wundervolle Reise mit Ihrem Partner zurück. Ähnlich gestaltet es sich bei dem Shirt, welches Ihnen eigentlich gar nicht mehr passt, aber dennoch sehr viele gute Erinnerungen mit sich bringt.
Das sind nur zwei Beispiele, wie es tagtäglich in Wohnungen zugehen kann. Wohl jeder hat das ein oder andere Stücke, welches keinen Nutzen

mehr hat, aber dafür einen großen emotionalen Wert darstellt.
Ist es wirklich nötig, dass Sie sich davon trennen müssen? Hier sollte ganz klar unterschieden werden, und die Antwort lautet schlichtweg „Jein“.
Fragen Sie sich zuerst, was es für Erinnerungen sind. Denn manchmal verknüpfen wir mit einem Kleidungsstück eine bestimmte Begegnung oder einen Moment, und bei genauerer Betrachtung stellt sich dieser als weniger schön heraus. Unsere Gedanken lassen diesen Blick aber in den ersten Sekunden nicht zu. Sie müssen sich Zeit lassen, um erkennen zu können, was sich wirklich dahinter verbirgt. Aus diesem Grund ist es wichtig, sich mit jedem Kleidungsstück oder jedem Gegenstand, dass eigentlich keinen Nutzen mehr hat, zu beschäftigen. Erst bei genauem Hinsehen können Sie erkennen, was sich wirklich dahinter verbirgt. Sollten die Gedanken, die Sie dann haben, negativ sein, trennen Sie sich sofort. Bei schönen Augenblicken wägen Sie ab. Wenn Sie keine Kraft haben, loszulassen, müssen Sie es heute auch nicht tun! Sollten Sie sich jedoch überwinden können und möchten mehr

Platz schaffen, ist es natürlich ein sehr guter Schritt, sich zu verabschieden!
Ein Foto könnte Ihnen auch sehr helfen. Um den Trennungsschmerz zu mindern, fotografieren Sie das jeweilige „Objekt". So haben Sie immer ein Erinnerungsstück bei sich. Und wenn Ihre Gedanken Sie dennoch plagen, machen Sie sich eines klar: Erinnerungen kann Ihnen niemand nehmen! Auch wenn ein Bild, eine Figur oder ein Kleidungsstück nicht mehr da ist, tragen Sie die schönen Momente immer bei sich!
Das ist doch ein tröstender Gedanke, oder?

9.Tipp: Freie Oberflächen

Sehr viele Minimalisten haben mit diesem kleinen Trick den richtigen Einstieg gefunden. Versuchen auch Sie es!
Ein strukturierter Alltag und ein geordnetes Leben sind das, was Sie suchen. Fangen Sie doch gleich mit den Oberflächen an. In jedem Raum haben Sie sicherlich ein Regal, einen Schrank oder eine Anrichte. Wenn Sie sich mit der „Leere" des Minimalismus beschäftigen und ausei-

nandersetzen möchten, räumen Sie eine Oberfläche in jedem Raum ab.
Sicherlich ist es für den Moment gewöhnungsbedürftig. Sie werden sich erst an die Leere gewöhnen müssen. Doch das wird schneller geschehen, als Sie vermuten. Nach ein paar Tagen ist es für Sie völlig normal, fast so, als wäre es nie anders gewesen.
Versuchen Sie, diesen Zustand für ein paar Wochen oder sogar Monate beizubehalten. Wenn Sie sich dann noch immer nicht wohlfühlen, können Sie gerne wieder den Ursprungszustand herstellen. Wenn es Ihnen jedoch nichts mehr ausmacht, haben Sie Platz geschaffen und auch schon einen sehr großen Schritt zum Minimalismus gemacht.

10.Tipp: Fernseher aus

Dieser Tipp wird sicherlich für ein wenig Unmut sorgen! Doch warum eigentlich? Ganz klar: Der Fernseher nimmt bei den meisten Menschen einen sehr großen Stellenwert ein. Die Vorstellung, auch nur einen Tag auf dieses Gerät verzichten zu müssen, wird von einem Großteil der

Bevölkerung nur mit einem deutlichen Kopfschütteln infrage gestellt.

Dabei wäre der Versuch, dem Fernseher für ein paar Tage zu entsagen, eigentlich gar keine schlechte Idee.

Wenn auch Sie jetzt noch keine positiven Punkte finden können, werden Sie vielleicht die folgenden Hinweise überzeugen.

Sind Sie ein Mensch, der immer wieder unter Schlafstörungen leidet? Ganz gleich, ob Sie Ein- oder Durchschlafprobleme haben: Beides wirkt sich mit der Zeit negativ auf Sie und Ihre Leistungsfähigkeit aus. Konzentration und Ausdauer lassen nach. Jetzt haben Sie vielleicht schon sehr viel versucht, um diesem Problem endlich seine Kraft zu nehmen. Wenn es nicht funktioniert hat, könnten Sie mit dem Abschalten des Fernsehers sehr viel erreichen. Suchen Sie sich eine leichte Entspannungsübung oder hören Sie ruhige Musik, die Ihnen Abstand vom Tag verschafft.

Denn was wartet schon in den Abendstunden auf Sie? Medienberichte, die Sie noch mehr anstrengen, oder ein Film, der Sie aufwühlt und natürlich in keiner Weise schlaffördernd ist.

Sie müssen nicht sofort mehrere Wochen verzichten! Für den Anfang reichen auch schon ein paar Tage. Sie werden spüren, dass es durchaus auch ein gutes Gefühl sein kann.
Wenn es nicht nach Ihren Vorstellungen verläuft, können Sie natürlich wieder zu Ihrer Gewohnheit zurückkehren. Aber einen Versuch ist es in jedem Fall wert. Und wer weiß, vielleicht verbirgt sich hinter diesem Versuch die Lösung Ihrer langen Schlafprobleme!

11.Tipp: Ein Buch

Dieser Ratschlag geht Hand in Hand mit dem soeben beschriebenen. Wenn Sie es in Zukunft ohne Fernsehen versuchen wollen, nehmen Sie doch ein gutes Buch zur Hand. Vielleicht lesen Sie ohnehin gerne, dann dürfte es kein Problem sein. Sollten Sie jedoch bis heute Abstand von jederlei Lektüre genommen haben, ist es nie zu spät, damit anzufangen. Ganz gleich, ob Roman, Sachbuch oder gar eine gute Wissenszeitschrift: Was Sie lesen, liegt ganz in Ihrem Ermessen.
Suchen Sie sich einen gemütlichen Platz und tauchen Sie in eine neue Welt hinein. Vergessen

Sie den Alltag, entspannen Sie und bringen Sie Ihren Körper zur Ruhe. Sie werden überrascht sein, wieviel ein gutes Buch doch auslösen kann.
Sollten Sie sich für einen Roman entscheiden, fördern Sie auch noch Ihre Fantasie. Die geht im Alltag eines Erwachsenen leider viel zu oft verloren. Was für Kinder völlig normal ist, verliert sich leider immer mehr, je älter sie werden.
Holen Sie sich ein Stück davon zurück und „malen“ Sie sich eine Welt, die Sie all Ihre Sorgen und negativen Gedanken vergessen lässt.
Sie werden sich so gut fühlen, wie schon lange nicht mehr!

12.Tipp: Spaziergang

Einfach hinausgehen und die frische Luft atmen, kann sehr viel bewirken. Hierbei handelt es sich jedoch nicht um den Weg zur Arbeit, zum Einkaufen oder gar um den Müll zu entsorgen. Zwar bewegen Sie sich hier auch für einen Moment an der frischen Luft, aber der wohlverdiente Erholungseffekt bleibt sicherlich aus.

Viel wichtiger ist hingegen der Weg, den Sie außerhalb der Arbeit gehen. Fragen Sie sich an dieser Stelle doch noch einmal selbst, wann Sie das letzte Mal einen ausgedehnten und schönen Spaziergang unternommen haben? Wenn das schon viel zu lange her ist, sollten Sie ihn bald wieder aufnehmen. Die Zeit finden Sie sicher.
Ganz gleich, ob nach der Arbeit oder an einem freien Tag: Eine halbe Stunde ganz bewusste Bewegung an der frischen Luft ist nicht nur gesund, sondern „leert" auch Ihren Kopf. Gedanken, die zuvor noch Sorgen in Ihnen ausgelöst haben, sind im Wald schon gar nicht mehr so schwer zu ertragen. Sie sind abgelenkt, und was zählt, sind nur die Natur und Sie selbst. Alles andere ist nicht mehr so wichtig. Nehmen auch Sie dieses großartige Gefühl in sich auf und suchen Sie den nötigen Abstand zu einem stressigen Alltag.
Ganz gleich, ob allein oder mit der ganzen Familie: Zeit für einen Spaziergang haben Sie sicherlich immer!
Lassen Sie los und spüren Sie die Umgebung, denn nur sie zählt.

Zum Abschluss ein Tipp, der sehr viel über einen Menschen aussagen kann, obwohl wir uns viel zu selten Gedanken darüber machen.
Welches Geschirr benutzen Sie? Wenn Sie diese Frage nun ganz selbstbewusst mit: „Na, das Alltägliche!“ beantworten, sollten Sie das vielleicht noch einmal überdenken.
Ganz klar sind Sie damit kein Einzelfall. In den meisten Haushalten wird wohl Geschirr verwendet, welches einfach ist und vielleicht sogar schon ein paar Gebrauchsspuren hat. Warum auch nicht? Denn schließlich sieht es niemand, und dafür ist es in jedem Fall noch gut genug. Oftmals handelt es sich hierbei auch um „zusammengewürfelte Werke“, damit die ausreichende Anzahl Teller und Tassen auch wirklich im Schrank zu finden ist. Die Unruhe, die dabei oft herrscht, wird kaum noch wahrgenommen.
An diesem Verhalten ist natürlich nichts Schlechtes, aber es sagt auch sehr viel darüber aus, wie wertvoll Sie sich selbst fühlen. Warum nutzen Sie nicht jeden Tag das „gute“ Geschirr, welches oft nur zum Feiern aus dem Schrank

darf? Es müssen natürlich nicht die unbezahlbaren Erbstücke sein! Aber ganz sicher haben auch Sie eine Auswahl von gutem Porzellan, welches Sie nur zu großen Anlässen benutzen.
Entsagen Sie dieser Routine und verwenden Sie es doch einfach jeden Tag. Warum auch nicht? Wenn Sie sich sorgen, dass etwas zu Bruch gehen könnten, überlegen Sie einfach kurz, wann das letzte Mal ein Teller zu Boden gegangen ist. Sie werden merken, dass das in den letzten Jahren fast nie geschehen ist.
Bringen Sie ein gutes Gefühl auf den Tisch - jeden Tag. Sie werden erstaunt sein, wie viel schöne Gedanke durch hübsches Geschirr in Ihnen ausgelöst werden können. Und auch, wenn es jetzt kaum zu glauben ist, doch auch Sie werden sich besser und wertvoller fühlen.
Wagen Sie einen Versuch!

ABSCHLIEẞENDE WORTE

Sicherlich haben Sie eines schon festgestellt: Minimalismus ist kein Hexenwerk und kann mit wenigen Schritten und kleinem Aufwand umgesetzt werden. Auch wenn einige Hinweise etwas Durchhaltevermögen erfordern, werden Ihnen andere umso leichter von der Hand gehen.
Setzen Sie um, was Sie selbst für richtig halten. Wichtig ist immer, dass Sie sich gut fühlen und es auch mit Ihrem Alltag und schon lange bestehenden Gewohnheiten vereinbaren können. Es hat keinen großen Nutzen, wenn Sie sich in etwas „hineinpressen", was Sie nicht glücklich macht.

Fangen Sie mit dem entspannten Genießen des Kaffees an und arbeiten Sie sich zum Entleeren der Schränke vor. Mit der Zeit werden Sie immer schneller Fortschritte machen und sich irgendwann die Frage stellen, wie Sie nur so lange ohne den Minimalismus leben konnten.

6.Kapitel: Einsteigen, weitergehen und bleiben

OHNE SORGEN BEGINNEN UND WEITERGEHEN

Bewusst auf Dinge verzichten und unnötigen Ballast loswerden klingt einfacher, als es sich anhört? Wenn diese Frage in Ihrem Kopf ruht, liegen Sie nicht ganz falsch. Auch wenn viele Tipps recht einfach klingen, sind andere dafür ein wenig komplizierter.
Da ist es gar nicht so einfach, einen Einstieg zu finden, oder? Auch hier haben Sie wieder recht, und aller Anfang ist auch schwer. Besonders der Minimalismus braucht sehr viel Disziplin und natürlich in seinen Anfängen auch Mut.
Das wird aber für Sie sicherlich kein Problem sein. Lassen Sie sich von Unsicherheiten nicht aufhalten und halten Sie an Ihren Plänen fest.
Damit Ihnen der Start in einen neuen Lebensstil dennoch ein wenig leichter fällt, versuchen Sie

es mit den folgenden Tipps für den Einstieg. Finden Sie für sich die richtige Methode heraus und lassen Sie sich überraschen!

Damit Sie auch dauerhaft an Ihrem Vorhaben festhalten können, werden Sie auch noch erfahren, wie Sie ein Minimalist bleiben können. Denn auch, wenn Sie den ersten Schritt gegangen sind, müssen Sie noch viele weitere Pfade nehmen, um es auch zu einem festen Bestandteil des Alltages werden zu lassen.

Entledigen Sie sich der Dinge, die Sie nicht mehr brauchen, ganz ohne schlechtes Gewissen und Sorge, dass Sie es doch noch einmal brauchen könnten. Seien Sie sich sicher und haben Sie Mut: Der Minimalismus wird Ihr Leben positiv beeinflussen.

Nun lassen Sie sich entführen in die Möglichkeiten des Minimalismus für Anfänger. Diese geben Ihnen Halt. Ganz gleich, wie Sie zuvor aufgeräumt oder entsorgt haben: Sicherlich werden Sie für sich eine gute Variante finden, die Sie obendrein auch noch glücklich macht!
Genau, Sie haben richtig gehört: Entrümpeln und Ordnung schaffen kann und wird Sie zufrieden und glücklich machen!

1.Variante: Das Schlimmste zuerst (Eat the Frog first)

Es fällt Ihnen alles andere als leicht, etwas wegzuwerfen? Sie haben sich schon mehr als einmal dabei ertappt, wie Sie aussortierte Dinge doch wieder zurückgeräumt haben, nur weil Sie der Meinung sind, es noch zu brauchen? Manchmal ist aber der Trennungsschmerz so mächtig, dass es einfach nicht möglich ist, sich loszusagen.

Diese Variante kann Ihnen helfen, Abschied zu nehmen und besser mit Ihrer Hemmschwelle umzugehen. Je länger Sie es versuchen, desto einfacher wird es Ihnen fallen, einem bestimmten Gut auch zu entsagen.

Sie können diese Methode ganz einfach anwenden: Sammeln Sie alle Dinge in Ihrer Wohnung zusammen, die Ihnen so wichtig sind, dass Sie sich eigentlich nicht von ihnen trennen wollen. Sie müssen sich dabei aber bewusst sein, dass Sie sich am Ende wirklich für einen Gegenstand entscheiden müssen. Nehmen Sie sich Zeit und gehen Sie die Räume Stück für Stück auf. Wenn Sie es noch vorsichtig angehen lassen möchten, können Sie auch erst mit einem Zimmer anfangen. Sobald Sie fertig sind, legen Sie alles zusammen hin und schauen sich Ihre Besitztümer genau an. Versuchen Sie, Erinnerungen wieder aufleben zu lassen, und fragen Sie sich ganz bewusst, wann und wo Sie sie erhalten haben.
Was bewegt Sie am meisten und wie schwer würde die Entscheidung wiegen, wenn Sie sich trennen? Nehmen Sie sich alle Zeit, die Sie brauchen, bevor Sie eine Wahl treffen. Haben Sie sich dann für einen Gegenstand entschieden, müssen Sie ihn aber nicht wegwerfen.

Vielmehr ist das Ziel dieser Variante, es weiterzugeben.

Verkaufen Sie Ihren wichtigen Besitz, oder schenken Sie ihn einem lieben Freund, der sich sicherlich sehr darüber freuen würde.

Auch wenn Sie jetzt der Meinung sind, dass Sie sich unmöglich von Ihren liebgewonnenen Stücken trennen können, werden Sie es schaffen. Der erste Schritt wird sicherlich nicht einfach sein, aber Sie können es schaffen, wenn Sie sich ganz klar dafür entschieden haben. Denn ein Leben voller Glück und Zufriedenheit wird nicht nur von bestimmten Besitztümern hervorgerufen. Und Sie werden sehen: Je öfter Sie es versuchen und diesen Schritt gehen, desto einfacher wird es auch für Sie werden.

2.Variante: „KonMari-Methode (Was glücklich macht, behalten)

Haben Sie schon mal etwas von Marie Kondo gehört? Wenn nicht, dann ist das kein Problem, denn jetzt lernen Sie diese Frau kennen. Sie ist eine wahre Lifestyle-Expertin und hat die Ordnung praktisch erfunden. Sie half schon sehr viele Menschen bei der Umsetzung ihrer Vorstellungen. Sicherlich kann Sie auch bei Ihnen ein kleines Wunder bewirken.

Marie Kondo vertritt eine ganz klare Meinung: Sie sagt, es dürfen nur die Dinge behalten werden, die wirklich Freude machen. Auf den ersten Blick scheint das sicherlich sehr einfach zu sein, doch ist das wirklich so? Denken Sie für einen kurzen Moment an die Gegenstände, die Ihnen sofort einfallen. Könnten Sie sofort sagen, dass jedes einzelne Utensil Sie auch wirklich glücklich macht? Denn eine solche Entscheidung braucht Zeit und ist in keinem Fall innerhalb weniger Sekunden zu treffen.

Möchten Sie es dennoch wagen und mehr erfahren? Dann versuchen Sie es!

Im ersten Schritt ist es wichtig, dass Sie alles sortieren, was Sie besitzen. Da das in einem Haus durchaus eine sehr große Aufgabe sein kann, kann es von Vorteil sein, in einem Zimmer anzufangen. So behalten Sie den Überblick und können auch davon ausgehen, dass Sie noch am gleichen Tag Ihr Ziel erreicht haben (zumindest für diesen Raum).
Wenn Sie alles gesammelt haben, wenden Sie sich einer Rubrik zu und schauen sich jeden Gegenstand für sich an. Nehmen Sie ihn in die Hand und schließen Sie die Augen. Nun ist Ihre Erinnerung gefragt. Fühlen Sie Ihre Emotionen und unternehmen Sie eine kleine Zeitreise. Wann und von wem haben Sie es erhalten und was haben Sie dabei gedacht? War es Glück oder waren die ersten Gedanken eher negativer Natur? Es ist wichtig, dass Sie nichts auslassen und wirklich in Ihr Innerstes blicken. Denn allein Ihre Gedanken und Gefühle entscheiden darüber, was passiert.
Wenn Sie Ihre Emotionen ordnen konnten, öffnen Sie die Augen und betrachten das, was Sie in den Händen halten, noch einmal. Wenn Freude und Glück in Ihren Gedanken sind,

können Sie es ruhig behalten. Sollten aber eher die schlechten Erinnerungen überwiegen, ist es an der Zeit, es wegzuwerfen. Und genau diese Entscheidung benötigt Zeit und eine präzise Erinnerung, die nicht innerhalb kurzer Zeit oder mit nur einem Blick gefunden werden kann.
Marie Kondo hat auch einen Plan für den richtigen Beginn. Sie sollten nicht zuerst mit den Sachen anfangen, die Ihnen sehr wichtig sind. Viel gelungener fangen Sie an, wenn Sie sich für die unwichtigen Dinge entscheiden. Dazu gehören z.B. Töpfe und Putzmittel. Das hat natürlich nichts damit zu tun, dass sie von Natur aus schlecht sind, aber Sie haben wohl einen durchaus weniger emotionalen Wert als ein Buch oder ein schönes Bild. Weiter geht es dann mit Kleidungsstücken bis hin zu Büchern. Ganz zum Schluss sollten Sie sich schließlich um die Einrichtungsgegenstände kümmern. Genau, auch diese sollten von Ihnen betrachtet werden, denn wenn Sie Stück für Stück aufräumen, brauchen Sie vielleicht die Kommode nicht mehr, die jetzt gar nichts mehr beherbergt.
Wie Sie die Aufteilung und Reihenfolge vornehmen, liegt natürlich ganz bei Ihnen. Sie wissen

am ehesten, was Ihnen am Herzen liegt und was Sie als nicht ganz so wertvoll einstufen. Eines ist jedoch noch besonders wichtig: Bevor Sie mit einer neuen Kategorie anfangen, sollten Sie erst die vorangegangene abschließen. Sonst ist das Chaos schnell perfekt, und Sie wissen in keinem Raum mehr, wie weit Sie eigentlich sind.

Es wird eine Weile dauern, und sicherlich müssen Sie ab und an auch eine größere Pause einlegen. Aber wenn Sie sich immer wieder Ihren Plan in den Sinn rufen, haben Sie schon bald nur noch Dinge in Ihrer Wohnung, die Sie wirklich glücklich machen.

Und das allein ist doch ein wundervolles Gefühl, oder?

3.Variante. Die Korbmethode (Shopping einfach umgekehrt)

Wenn auch die zweite Methode keine richtige Alternative für Sie zu sein scheint, dann ist vielleicht die Korbmethode besser für Sie geeignet. Hier steht zu Beginn der Warenkorb im Vordergrund. Das kann eine Pappkiste oder auch ein Wäschekorb sein. Das, was Sie finden und als Korb nutzen können und wollen, ist die richtige Wahl. Wichtig ist, dass der Behälter nicht zu klein ist und dass auch der Boden nicht sofort durchbricht.

Nun stellen Sie sich vor, Sie befänden sich in einem Kaufhaus. Mit dem kleinen aber feinen Unterschied: Sie legen nur das in den Korb, was Ihnen nicht mehr gefällt oder was Sie einfach nicht mehr brauchen.

Wenn der Korb voll ist, haben Sie für den heutigen Tag genug geleistet und können aufhören. Nun kommt das wohl Schwerste: Alles, was sich in diesem Korb befindet, sollten Sie sofort entsorgen. Eine Alternative wäre es auch, diesen in den Keller zu stellen und vorerst aufzubewahren, aber die Gefahr ist dann einfach zu groß, dass alles wieder in den Schränken landet. Denken Sie daran: Sie haben sich beim Befüllen des Korbes dagegen entschieden, und das hatte einen guten Grund. Sie brauchen keinen Pullover im Schrank, den Sie sowieso nicht mehr tragen. Auch können Sie die Vase, die noch nie genutzt wurde und die auch keinen emotionalen Wert hat, wirklich wegwerfen.

Haben Sie nur Mut, und Sie werden sich schon bald über eine Wohnung freuen können, die in einem völlig neuen Glanz erstrahlt.

Auch hier werden Sie eine Zeit brauchen, bis Sie wirklich alles „auf den Kopf gestellt" haben. Denn mehr als einen Korb sollten Sie am Tag wirklich nicht füllen. Es klingt zwar nicht viel, aber Sie werden bald merken, dass es gar nicht so einfach ist. Gerade dann nicht, wenn es ohnehin schon schwer für Sie ist, sich von Dingen zu trennen.

Aber Sie werden es schaffen, und schon ist wieder Platz für Glück und Zufriedenheit.

EINEN SCHRITT WEITER: FÜR FORTGESCHRITTENE

Sie haben es geschafft und Ihre ersten Versuche unternommen. Sie sind sehr sicher in Ihren Handlungen und wissen genau, worauf es ankommt.
Herzlichen Glückwunsch, Sie dürfen wirklich stolz auf sich sein.
Und dennoch sind Sie noch auf der Suche nach etwas Neuem. Sie möchten noch einen Schritt weitergehen? Das klingt gut. Und das Beste daran: Es ist auch wirklich möglich.

Die folgende Methode ist zwar sehr radikal, aber Sie wird auch immer wieder gerne genutzt. Zählen auch Sie sich zu den Menschen, die diesen Schritt wagen, und denken Sie daran: Ein Zurück gibt es immer! Sollten Sie im Verlauf feststellen, dass es keine Alternative für Sie ist und Sie lieber bei Ihrer Technik bleiben möchten, ist das natürlich kein Problem.
Wichtig ist, dass Sie sich einen großen Vorrat von Kartons anlegen. Denn die Regel dieser Me-

thode lautet: Je mehr Dinge Sie besitzen, desto mehr Kisten werden auch benötigt. Somit ist das Sammeln dieser Kisten erst einmal enorm wichtig und der erste Schritt.

Und jetzt erwartet Sie das, was diese Methode von allen anderen unterscheidet. Dieser Punkt trägt auch dazu bei, dass sie eher für Personen geeignet ist, die schon einige Erfahrungen sammeln konnten.

Alles, was Sie besitzen, legen Sie jetzt in die aufgestellten Kartons. Nach welchem System Sie vorgehen, liegt natürlich ganz bei Ihnen. Am günstigsten ist es jedoch, wenn Sie Ihre Habseligkeiten sortieren. So finden Sie gewisse Dinge schneller wieder.

Haben Sie alles in den Kisten verstaut? Dann räumen Sie diese nicht weg, wie es meistens der Fall ist, sondern lassen Sie einfach in der Wohnung stehen. Nun ist es Ihre Aufgabe, die nächsten Tage aus genau diesen Kisten zu leben. Immer dann, wenn Sie etwas brauchen, nehmen Sie es sich heraus. Danach legen Sie es aber nicht wieder zurück, sondern räumen es wieder in den Schrank oder das Regal, wo es ursprünglich stand.

Am Ende der festgesetzten Frist haben Sie einen deutlichen Überblick darüber, was Sie wirklich brauchen und was nicht. Alles, was am Ende noch in den Kisten liegt, können Sie ganz getrost wegwerfen.

Bei diesem System werden Sie auch ganz schnell feststellen, dass Dinge, die Sie nicht mehr sehen, auch bald aus Ihren Gedanken verschwinden. Sie vergessen sie ganz schnell, denn schließlich schauen Sie sie nicht mehr jeden Tag an.

Auch wenn diese Variante sicherlich gewöhnungsbedürftig ist, lohnt es sich schon dann, wenn Sie jetzt sagen, dass Sie es probieren möchten. Wagen Sie diesen Schritt, und Sie wissen: Zurück können Sie immer!

NACHHALTIG „ENTSORGEN“

Das Thema der Entsorgung wurde schon einmal aufgegriffen. Dennoch ist es wichtig, dass Sie nochmal einen Überblick darüber bekommen, was genau Sie tun können.

Sie haben es endlich geschafft! Ihre Wohnung strahlt in einem neuen minimalistischen Glanz. Sie sind glücklich, aber dennoch sind Sie mit Ihrer Arbeit noch nicht am Ende. Denn all das konnten Sie nur schaffen, indem Sie sich vieler Dinge entledigt haben.

Doch sind diese Dinge all ein Fall für die Mülltonne? Nein, ganz sicher nicht!

Nachhaltigkeit ist heute in aller Munde und auch bei Ihren Utensilien und ursprünglichen Besitztümern möglich.

Dinge, die wirklich kaputt sind, können Sie natürlich nicht mehr nachhaltig verwenden. Hier gibt es nur noch einen Weg, und das ist die komplette Entsorgung.

Anders gestaltet es sich aber bei Gegenständen, die noch in Takt sind und die Ihnen vielleicht auch noch ans Herz gewachsen sind. Der Gedanke, dass genau diese Habseligkeiten vielleicht noch einem anderen Menschen Freude machen können, kann doch sehr tröstlich sein. Wenn Sie sich genau das wünschen, haben Sie viele Wege, die Sie einschlagen können.

Verkaufen können Sie Ihre einst liebgewonnenen Dinge zum Beispiel auf dem Flohmarkt. Hier können Sie von Angesicht zu Angesicht mit anderen Menschen verhandeln und Ihnen vielleicht so noch besser näherbringen, was für ein Wert hinter einem bestimmten Produkt steckt. Ganz nebenbei können Sie auch Kontakte knüpfen und vielleicht sogar neue Freunde finden. Probieren Sie es aus. Sicherlich wird es Ihnen Spaß machen. Und sollten Sie wirklich keinen Erfolg haben, hat es auch nichts damit zu tun, dass Ihre Dinge keinen Wert haben. Vielleicht war es einfach nur der falsche Tag, oder die Interessen der potentiellen Käufer lagen heute einfach anders. Beim nächsten Mal funktioniert es bestimmt schon besser!

Wenn aber diese öffentliche Präsentation nichts für Sie ist, können Sie auch einen Ausflug ins Internet wagen. Hier haben Sie sehr viele Möglichkeiten.
Auktionsportale, namhaft oder eher unbekannt, warten auf Sie. Jedes für sich hat seine Vor- und Nachteile. Doch eines vereint Sie alle: Sie müssen nicht nach draußen, um Ihre Dinge zu verkaufen. Sie müssen zwar den Weg zur Post gehen, wenn Sie sich für einen Versand entscheiden, aber das sollte kein Problem sein. Doch vielleicht haben Sie auch die Möglichkeit, Ihre Waren abholen zu lassen. Bei großen Gegenständen, wie beispielsweise bei Möbeln, ist das sicherlich die beste Wahl! Sie werden überrascht sein, wie schnell Sie etwas verkaufen können, und sich sicherlich auch darüber freuen, wie sehr sich ein anderer Mensch über Ihre Habseligkeiten freuen kann.
So fällt Ihnen der Abschied vielleicht nicht mehr ganz so schwer!

Sie möchten aber kein Geld für Ihre Artikel, oder Ihnen ist das alles einfach zu zeitaufwendig? Schließlich müssen Sie erst warten, bis Sie ei-

nen Interessenten gefunden haben, und diese Zeit möchten Sie nicht unbedingt verstreichen lassen.
Auch das ist kein Problem. Schauen Sie sich um, und vielleicht finden Sie schon in der nächsten kleinen Stadt die Antwort: Spendenhäuser können Ihnen helfen, Ihre Wünsche zu erfüllen.
Hier können Sie anderen Menschen eine Freude machen, die Ihre Gegenstände gut gebrauchen können. Ganz gleich, ob Sie sich für eine Kleiderspende entscheiden oder Ihre Möbel in einem Sozialkaufhaus abgeben: Sicherlich finden Sie eine Einrichtung, die zu Ihren Gegenständen passt.

Dieser Überblick wird Ihnen ganz bestimmt helfen, die richtige Entscheidung zu treffen. Egal, was zu Ihnen passt: Sie müssen Ihre einst so wertvollen Habseligkeiten nicht einfach in die Tonne werfen.
Geben Sie sie lieber weiter und machen Sie einem anderen Menschen eine große Freude. Und sicherlich wird Ihnen diese Handlung auch Ihr Herz danken! Fühlen Sie sich wohl, wenn Sie

sich verabschieden, und geben Sie etwas mit dem guten Gewissen frei, dass es sich nun in neuen Händen befindet.

BLEIBEN SIE EIN MINIMALIST

Nun haben Sie es schon sehr weit gebracht!
Sie haben Ihre Wohnung völlig auf den Kopf gestellt, haben sich losgesagt und sogar gewisse Dinge verkauft. Jetzt dürfen Sie erst einmal durchatmen und können ruhig stolz auf sich sein! Sie haben etwas geschafft, was nicht allen Menschen gelingt.
Doch dürfen Sie sich jetzt schon ausruhen? Auch wenn es schön klingt, ist das leider jetzt noch nicht gegeben. Denn wenn Sie wirklich an Ihren Vorsätzen festhalten wollen, bleibt es weiterhin durchaus harte Arbeit.
Auch wenn es jetzt nicht zu glauben ist, schleicht sich sehr schnell wieder das alte Leben ein. Gewohnheiten werden ganz unbewusst wieder aufgenommen.

Sie merken schon, es ist also doch gar nicht so einfach, auch auf Dauer ein Minimalist zu bleiben. Das heißt aber noch lange nicht, dass es unmöglich ist. Unendlich viele Menschen haben heute das minimalistische Leben so sehr verinnerlicht, dass es für sie überhaupt kein Problem mehr ist. Alte Gewohnheiten wurden abgelegt und neue angeeignet. Der neue Lebensstil ist ihnen sozusagen in Fleisch und Blut übergegangen. Sie denken nicht mehr darüber nach, was einmal war.

Wollen Sie auch genau das für Ihr eigenes Leben? Sie möchten den Weg, den Sie bis heute gegangen sind, nicht umsonst gewählt haben? Sie möchten Herausforderungen und Hürden trotzen und mit erhobenem Kopf einen Fuß vor den anderen setzen?

Dann werden Ihnen die folgenden Hinweise eine Stütze sein! Sie helfen Ihnen, den Minimalismus auch weiterhin in Ihr Leben zu lassen.

Was Sie wegräumen, vergessen Sie auch irgendwann. Sicher: Es gibt gewisse Dinge, die Sie einfach in den Schränken verstauen müssen. Aber hierbei sollte es sich nur um Utensilien handeln, die Sie auch sehr oft brauchen. So werden Sie den Schrank oder das Schubfach immer wieder öffnen und nichts gerät in Vergessenheit.

Doch es gibt natürlich noch sehr viel mehr in der Wohnung, und es ist oft gar nicht so einfach, genau das alles sichtbar zu machen. Versuchen Sie es dennoch.

Bücher, Lebensmittel und auch Kleidung haben nichts in der hintersten Ecke des Schrankes zu suchen. Auch gehört nichts davon in eine Schublade, die Sie nur ab und an öffnen. Auch das oberste Regal eignet sich nicht, damit etwas Bestimmtes nicht in Vergessenheit gerät.

Hier gilt also ganz klar: Was Sie nicht sehen, werden Sie über kurz oder lang vergessen. Was Sie aber immer im Blick haben, bleibt auch in Ihrem Gedächtnis.

Auf diese Weise erkennen Sie sehr schnell, was in Ihrer Wohnung zu viel ist und was nicht! Sie halten somit an Ihrem Lebensstil fest.

SCHRITT 2: KAUFEN ERST ZUM SCHLUSS

Einmal nachzugeben, ist nicht so schwer. Auch ein zweites Mal wird es Ihnen gelingen. Doch wie sieht es auf Dauer gesehen aus? Hier gestaltet es sich oft schwierig, immer wieder „Nein“ zu sagen.

Doch auch das kann zu einer Gewohnheit werden, es braucht nur ein wenig Zeit.

Bevor Sie also etwas entsorgen, schauen Sie es sich ganz genau an. Ist es wirklich nicht mehr zu gebrauchen oder können Sie es noch retten. Mit ein paar Handgriffen kann aus einem defekten Gegenstand wieder etwas Brauchbares werden. Wenn Sie selbst es nicht beherrschen (was natürlich nicht schlimm ist), müssen Sie dennoch nicht aufgeben. Vielleicht finden Sie in Ihrem Bekanntenkreis einen lieben Menschen, der Ihnen helfen kann.

Bei Kleidung kann das ganz einfach funktionieren. Nicht jedes Shirt, dass ein kleines Loch hat, muss sofort entsorgt werden. Mit ein paar Stichen ist es genäht, und Sie können es durchaus noch tragen. Auch wenn es nur für den häuslichen Gebrauch ist: Sie haben in jedem Fall sehr gut gehandelt.

Doch manchmal nutzt auch alles Können und Nähen nichts. Wenn etwas nicht mehr funktioniert und Sie es auch nicht mehr reparieren können, bleibt nur noch die Entsorgung. Nun lohnt sich ein Neukauf aber nicht immer. Überlegen Sie sich zuerst, ob Sie es wirklich dringend brauchen, und wenn ja, wie häufig. Sollte der tägliche Gebrauch nicht unumgänglich sein, bleibt Ihnen nur der Ausflug ins Einkaufszentrum. Doch was, wenn das nicht der Fall ist? Denn nicht alles brauchen wir wirklich jeden Tag! Auch hier könnte Ihnen vielleicht wieder ein guter Freund oder auch ein Mensch der Familie helfen. Leihen Sie sich einfach das, was Sie ab und an benötigen. Sollte das nicht jede Woche dreimal der Fall sein, finden Sie vielleicht jemanden, der Ihnen gerne hilft. So sparen Sie Platz und können das geliehene Utensil einfach wieder zurückgeben.

Das Anhäufen von Gegenständen ist beim Minimalismus ein Problem. Sie wissen aber auch, dass es natürlich nicht möglich ist, gar nichts mehr zu kaufen. Wie Sie gerade gehört haben: Was kaputt ist und auch oft benötigt wird, müssen Sie einfach neu erwerben, auch wenn es Platz kosten sollte.
Hier hat der neue Lebensstil aber eine ganz klare Devise: Wenn Sie etwas Neues kaufen, müssen Sie auch etwas Altes entsorgen.

Das klingt am Anfang leichter, als es ist! Denn eine solche Entscheidung ist natürlich nicht leicht getroffen. Sonst haben Sie immer mit diversen Techniken in Ihrer Wohnung Platz geschaffen, und nun braucht es aber eine schnelle Entscheidung. Bei den ersten zwei oder drei Dingen fällt es vielleicht noch leicht, aber je mehr Sie kaufen, desto geringer ist natürlich auch die Auswahl der potentiellen Entsorgungsgüter.
Dennoch ist dieser Schritt natürlich sehr hilfreich: Denn obwohl Sie etwas erwerben, bleibt

die Anzahl der Dinge in Ihrem Haushalt immer gleich. So müssen Sie keine Angst davor haben, irgendwann nichts mehr finden zu können.

Eines ist Ihnen bestimmt klar geworden: Es ist nicht so einfach, ein Minimalist zu werden. Es ist aber auch alles andere als leicht, auch einer zu bleiben. Doch Sie können es schaffen. Sie brauchen nur Durchhaltevermögen und natürlich Vertrauen zu sich selbst. Besonders der zweite Punkt ist sehr wichtig. Denn wenn Sie beim Entsorgen eines einst liebgewonnenen Gegenstandes schon in Selbstzweifel verfallen, werden Sie diesen wohl wieder zurück in den Schrank stellen. Doch es ist wichtig, dass Sie an sich glauben. Denn schließlich haben Sie etwas in die Hand genommen, mit einem ganz klaren Gedanken und Willen im Kopf. Halten Sie auch daran fest. Selbstzweifel haben hier nichts verloren, auch wenn Sie manchmal eine Stütze zu sein scheinen.
Bleiben Sie sich treu und haben Sie Mut zur Veränderung. Lassen Sie das auch nicht aus den Augen. In der Anfangszeit müssen Sie sich

vielleicht jeden Tag neuen Mut machen, und das gelingt nur, wenn Sie auch ganz fest an Ihre Vorstellungen und Träume glauben.
Sie haben ein Ziel, und Sie gehen diesen Weg aus einem ganz bestimmten Grund. Sie haben sich dafür entschieden, weil Sie etwas verändern möchten, und nun ist es an der Zeit.
In Ihnen ist so viel verborgen!

Schlusswort

Das Leben hält jeden Tag aufs Neue etwas für uns bereit. Pläne und Wünsche sind nicht immer leicht umzusetzen oder auch zu erfüllen.
Ein Alltag, der immer wieder all unsere Konzentration fordert, macht es uns nicht leicht, den Dingen zu entsagen, die wir nicht länger behalten möchten. Hinzu gesellt sich die Tatsache, dass wir genau diesen Ballast nicht sofort erkennen. Es benötigt Zeit und natürlich auch das Wissen, dass es wichtig ist, irgendwann Lebewohl zu sagen.

Der Minimalismus wird für Sie ein Wegweiser sein. Er kann Ihnen zeigen, dass Veränderung möglich ist, wenn Sie es wirklich möchten.
Sie entscheiden, wo und wie Sie anfangen. Sie haben nun die Möglichkeit, die unnützen Dinge von den wertvollen Utensilien zu trennen.

Sie werden in der Anfangsphase noch oft von Unsicherheiten gelenkt werden, aber diese werden schon bald der Vergangenheit angehören.

Gehen Sie Stück für Stück vor und fangen Sie klein an. Räumen Sie heute das erste Regal leer und nehmen Sie sich in einer Woche schon ein ganzes Zimmer vor. Wenn Sie Ihr Ziel immer im Blick haben, werden Sie auch den Überblick nicht verlieren.
Denn nun haben Sie verschiedene Vorgehensweisen und deren Vorteile kennengelernt. Sicher finden Sie für sich etwas, was Sie sofort und ohne große Vorbereitung umsetzen können. Auch wenn es schwer ist und Sie manche Tage in Zweifel verfallen, müssen Sie immer das Gute sehen. Auch wenn Sie sich von gewissen Dingen trennen, werden sie doch immer in Ihren Gedanken und Erinnerungen sein!
Vielleicht hilft Ihnen das, um Ihre innere Unsicherheit zu überwinden und von positiven Emotionen geleitet zu werden.

Entdecken Sie das, was schon viele Menschen vor Ihnen entdeckt haben und mit großer Überzeugung leben. Überwinden Sie Vorurteile und stärken Sie Ihr Durchhaltevermögen. Schaffen Sie Platz in Ihrer Wohnung und freuen Sie sich über eine Befreiung, auf die Sie schon lange gewartet haben!

Nun ist es an der Zeit, etwas zu verändern. Hadern Sie nicht länger mit sich und überzeugen Sie sich selbst! Sie werden überrascht sein, was alles in Ihnen steckt. Entsagen Sie Zweifeln und machen Sie eine Erfahrung voller Mut und Zuversicht.
Schon bald werden Sie nicht mehr lange suchen müssen. Es reicht ein kurzer Griff aus, und Sie halten genau das in den Händen, was Sie finden wollten. Eine Frage, ein Blick: Alles ist da, wo es sein muss.

Und nun freuen Sie sich über ein neues Lebensgefühl, entdecken Sie eine neue Balance und lösen Sie sich von dem Ballast, dem Sie schon immer entsagen wollten. Nun haben Sie die nötige Kraft und das Wissen, das Sie brauchen!

HAFTUNGSAUSSCHLUSS

Die Umsetzung aller enthaltenen Informationen, Anleitungen und Strategien dieses Buchs erfolgt auf eigenes Risiko. Für etwaige Schäden jeglicher Art kann der Autor aus keinem Rechtsgrund eine Haftung übernehmen. Für Schäden materieller oder ideeller Art, die durch die Nutzung oder Nichtnutzung der Informationen bzw. durch die Nutzung fehlerhafter und/oder unvollständiger Informationen verursacht wurden, sind Haftungsansprüche gegen den Autor grundsätzlich ausgeschlossen. Ausgeschlossen sind daher auch jegliche Rechts- und Schadensersatzansprüche. Dieses Werk wurde mit größter Sorgfalt nach bestem Wissen und Gewissen erarbeitet und niedergeschrieben. Für die Aktualität, Vollständigkeit und Qualität der Informationen übernimmt der Autor jedoch keinerlei Gewähr. Auch können Druckfehler und Falschinformationen nicht vollständig ausgeschlossen werden. Für fehlerhafte Angaben vom Autor kann keine juristische Verantwortung sowie Haftung in irgendeiner Form übernommen werden.

URHEBERRECHT

IMPRESSUM

1. Auflage

Bildquellen:
- 123rf.com©goodluz
Depositphotos @ AntonMatyukha
Herausgeber: L-OS Publishing
Vertreten durch:
L-Online Solutions e.K.
Eschenweg 6
89150 Laichingen
info@l-onlinesolutions.de

Printed in Poland
by Amazon Fulfillment
Poland Sp. z o.o., Wrocław

69565668R00085